Forum mondial sur la transparence et l'échange de renseignements à des fins fiscales Rapport d'examen par les pairs : Sénégal 2015

PHASE 1 : CADRE JURIDIQUE ET RÉGLEMENTAIRE

Octobre 2015
(reflète le cadre légal et réglementaire à compter du mois de juillet 2015)

Merci de citer cet ouvrage comme suit :
OCDE (2015), *Forum mondial sur la transparence et l'échange de renseignements à des fins fiscales : Rapport d'examen par les pairs : Sénégal 2015 : Phase 1 : cadre juridique et réglementaire*, Éditions OCDE, Paris.
http://dx.doi.org/10.1787/9789264244955-fr

ISBN 978-92-64-24494-8 (imprimé)
ISBN 978-92-64-24495-5 (PDF)

Série : Forum mondial sur la transparence et l'échange de renseignements à des fins fiscales
ISSN 2219-4703 (imprimé)
ISSN 2219-4711 (en ligne)

Les corrigenda des publications de l'OCDE sont disponibles sur : *www.oecd.org/about/publishing/corrigenda.htm*.

Table des matières

À propos du Forum mondial

Le Forum mondial sur la transparence et l'échange de renseignements à des fins fiscales est l'enceinte multilatérale au sein de laquelle le travail en matière de transparence fiscale et d'échange de renseignements est mené par plus de 120 juridictions participant, sur un pied d'égalité, aux travaux du Forum mondial.

Le Forum mondial est chargé de la surveillance approfondie et de l'examen par les pairs de la mise en œuvre des standards en matière de transparence et d'échange de renseignements en matière fiscale. Ces standards sont essentiellement reflétés dans le *Modèle d'accord sur l'échange de renseignements en matière fiscale* et ses commentaires publiés en 2002 par l'OCDE et dans l'article 26 du *Modèle de convention fiscale concernant le revenu et la fortune* de l'OCDE et ses commentaires, tels que mis à jour en 2004. Ces standards ont aussi été repris dans le *Modèle de convention fiscale* des Nations unies.

Les standards prévoient l'échange de renseignements sur demande des informations vraisemblablement pertinentes pour l'administration et l'application de la législation fiscale interne de la partie requérante. La pêche aux renseignements n'est pas autorisée mais tous les renseignements vraisemblablement pertinents doivent être fournis, y compris les renseignements bancaires et les renseignements détenus par des agents fiduciaires, sans tenir compte de l'existence d'un intérêt fiscal national.

Tous les membres du Forum mondial, ainsi que les juridictions identifiées par le Forum mondial comme pertinentes pour ses travaux, seront examinés. Ce processus est réalisé en deux phases. L'examen de phase 1 évalue la qualité du cadre juridique et réglementaire des juridictions en matière d'échange de renseignements alors que l'examen de phase 2 se concentre sur la mise en œuvre pratique de ce cadre. Certains membres du Forum mondial font l'objet d'un examen combiné – phase 1 et phase 2. Le but final vise à aider les juridictions à mettre effectivement en œuvre les standards internationaux en matière de transparence et d'échange de renseignements en matière de fiscale.

Tous les rapports d'examen sont publiés une fois adoptés par le Forum mondial.

Pour plus d'information sur les travaux du Forum mondial sur la transparence et l'échange de renseignements à des fins fiscales et pour obtenir des copies des rapports d'examen qui ont été publiés, il convient de consulter le site internet du Forum mondial www.oecd.org/tax/transparency et www.eoi-tax.org.

Abréviations

AUDCG	Acte uniforme relatif au droit commercial général
AUDSCGIE	Acte uniforme relatif au droit des sociétés commerciales et du groupement d'intérêt économique
AUHCE	Acte Uniforme portant organisation et harmonisation des comptabilités des entreprises
BCEAO	Banque Centrale des États de l'Afrique de l'Ouest
BRVM	Bourse Régionale des Valeurs Mobilières
CEDEAO	Communauté économique de l'Afrique de l'Ouest
CGI	Code général des impôts
CIMA	Conférence Interafricaine des Marchés d'Assurances
CRCA	Commission Régionale de Contrôle des Assurances
GIABA	Groupe Intergouvernemental d'Action contre le Blanchiment d'Argent en Afrique de l'Ouest
GIE	Groupement d'intérêt économique
NINEA	Numéro d'identification National des Entreprises et Associations
OHADA	Organisation pour l'Harmonisation en Afrique du Droit des Affaires
RCCM	Registre du Commerce et du Crédit Mobilier
SA	société anonyme
SARL	société à responsabilité limitée
SAS	Société par actions simplifiées
SCS	Sociétés en Commandite Simple
SNC	Sociétés en Nom Collectif

ToR	Termes de référence en vue de suivre et d'examiner les progrès vers la transparence et l'échange de renseignements à des fins fiscales
UEMOA	Union Économique et Monétaire Ouest Africaine
UMOA	Union monétaire ouest-africaine

Résumé

1. Le présent rapport résume le cadre légal et réglementaire en matière de transparence et d'échange de renseignements au Sénégal. La norme internationale, énoncée dans les Termes de référence développés par le Forum mondial pour surveiller et évaluer les progrès vers la transparence et l'échange de renseignements, examine la disponibilité des renseignements pertinents dans une juridiction donnée, la capacité de l'autorité compétente à accéder rapidement à ces renseignements et si cette information peut être efficacement échangée avec ses partenaires en matière d'échange de renseignements.

2. Le Sénégal est un pays d'Afrique occidentale d'environ 13.5 millions d'habitants. L'économie du pays est dominée par le tourisme, les exportations de pétrole vers ses voisins enclavés, et l'industrie extractive et agricole. Le Sénégal dispose d'un système juridique de type civil. Le pays s'est engagé à appliquer le standard international en matière de transparence, en devenant en 2012 membre du Forum mondial sur la transparence et l'échange de renseignements à des fins fiscales.

3. Le cadre légal et réglementaire du Sénégal permet globalement la disponibilité des renseignements sur l'identité et la propriété des sociétés et des autres entités. Les sociétés et les autres personnes morales sont tenues de s'immatriculer auprès des autorités publiques y compris auprès de l'administration fiscale. Toutefois, certaines défaillances ont été relevées dans la législation en vigueur. En particulier, si le droit commercial ne permet plus la création d'actions au porteur, l'obligation de dématérialisation des titres existants n'est pas assortie de suffisamment de précisions sur les modalités pratiques garantissant la dématérialisation de toutes les actions au porteur.

4. Le droit comptable et le droit fiscal prévoient des dispositions obligeant la tenue et la conservation des registres comptables ainsi que de la documentation sous-jacente pendant une période minimale de dix ans. La réglementation bancaire et celle relative à la lutte contre le blanchiment des capitaux au Sénégal garantissent la disponibilité des renseignements bancaires. Les autorités fiscales sénégalaises détiennent un certain nombre de renseignements sur l'identité, la propriété et la comptabilité des contribuables.

Pour le reste, la législation fiscale sénégalaise donne à l'administration fiscale, qui est l'autorité compétente déléguée, de vastes pouvoirs de collecte des renseignements, y compris les renseignements bancaires, lesquels sont utilisables à des fins d'échange de renseignements sans aucune restriction d'intérêt fiscal national. Il n'existe pas de droit de notification au Sénégal.

5. Le Sénégal dispose d'un réseau de 18 traités fiscaux bilatéraux et de deux instruments régionaux couvrant 27 juridictions, surtout en Afrique et en Europe. Malgré quelques traités anciens, tous les instruments permettent un échange effectif de renseignements, hormis en matière d'informations bancaires quand la juridiction partenaire n'est pas en mesure de garantir la réciprocité de ces échanges. Le Sénégal n'a jamais refusé de conclure un accord d'échange de renseignements.

6. Globalement le Sénégal a en place un cadre juridique permettant que les renseignements pertinents soient disponibles et accessibles et puissent être échangés conformément à la norme internationale. La réponse du Sénégal aux conclusions et recommandations de ce rapport, ainsi que l'application pratique de ce cadre juridique, seront évaluées en détail lors de la Phase 2 de l'examen, qui est prévue pour le second semestre de 2015. Dans l'intervalle, un rapport de suivi sur les mesures prises par le Sénégal pour répondre aux recommandations formulées dans le présent rapport doit être remis au Groupe d'Examen par les Pairs dans les douze mois suivant l'adoption de ce rapport.

Introduction

Informations et méthodologie utilisées pour l'examen par les pairs du Sénégal

7. L'évaluation du cadre légal et réglementaire du Sénégal se fonde sur la norme internationale en matière de transparence et d'échange de renseignements telle que décrite dans les Termes de référence du Forum mondial, et a été préparée conformément à la Méthodologie pour l'examen des pairs et des non-membres du Forum mondial. L'évaluation se fonde sur les lois, règlements et mécanismes d'échange de renseignements en vigueur et effectifs au 24 juillet 2015, sur les autres documents fournis par la Sénégal et sur les informations fournies par les partenaires de cette juridiction.

8. Les termes de références décomposent la norme internationale en matière de transparence et d'échange de renseignements en 10 éléments essentiels et 31 aspects spécifiques sous trois grandes catégories : disponibilité des renseignements (A), accès aux renseignements (B) et échange des renseignements (C). Cet examen évalue le cadre légal et réglementaire du Sénégal en ce qui concerne ces éléments et chacun des aspects spécifiques. En ce qui concerne chaque élément essentiel, il est conclu sur le point de savoir si *(i)* l'élément est en place *(ii)* l'élément est en place mais certains aspects de sa mise en œuvre juridique nécessitent des améliorations, ou *(iii)* l'élément n'est pas en place. Ces conclusions sont accompagnées de recommandations sur la manière dont certains aspects du système sénégalais pourraient être renforcés.

9. L'évaluation a été conduite par une équipe d'évaluation constituée de deux évaluateurs et d'un représentant du Secrétariat du Forum mondial : Mme Anne Stephany, membre de la Division Échange de renseignements de l'Administration des Contributions Directes du Luxembourg, M. Didier Motto, membre de la Cellule des Relations fiscales internationales de la Direction Générale des Impôts du Cameroun, et Mme Gwenaëlle Le Coustumer pour le Secrétariat du Forum mondial.

Vue d'ensemble du Sénégal

10. Le Sénégal est un État d'Afrique occidentale. D'une superficie de 196 722 km², il est limité au nord par la Mauritanie, à l'est par le Mali, au sud par la Guinée et la Guinée-Bissau, à l'ouest par la Gambie, et par l'Océan Atlantique sur une façade de 500 km. Le Sénégal a pour capitale Dakar et compte 13.5 millions d'habitants. La langue officielle est le français, six autres langues étant considérées comme langues nationales[1].

11. D'un point de vue économique, les secteurs principaux sont les services (le tourisme étant la plus grande source de devises étrangères ; télécommunications, services financiers), l'industrie (principalement la construction, l'extraction, l'huile d'arachide) et une agriculture en baisse (employant 40 % de la main d'œuvre). Le PIB sénégalais est estimé à USD 14.8 milliards[2].

12. Les principaux partenaires commerciaux du Sénégal sont pour ce qui est des exportations (principalement pétrole importé, phosphates, or, ciment, poisson et huile d'arachide), pour 46 % en Afrique (Mali, Côte d'Ivoire, Guinée-Bissau, Guinée Équatoriale, Cameroun), pour 26 % en Europe (France, Espagne), et pour 17 % en Asie (Inde, Émirats Arabes Unis, Japon). Les importations (pétrole, machines, riz, farine de blé, graisses) viennent d'abord d'Europe à 48 % (France, Belgique, Allemagne), d'Asie pour 23 % (Chine, Inde, Émirats Arabes Unis), pour 19 %, d'Afrique (Nigeria, Côte d'Ivoire, Maroc, Mali, Togo) ; et des Amériques pour 8 % (États-Unis d'Amérique, Brésil). Les investissements directs étrangers au Sénégal représentaient en 2013 l'équivalent de 1.7 % du PIB.

13. L'économie sénégalaise est caractérisée par un secteur informel très important[3], un taux de chômage avoisinant les 20 % et une part importante mais en diminution de la population en dessous du seuil de pauvreté (33 % de la population disposait de moins de 1.25 USD par jour et habitant en 2013). Le secteur informel non agricole emploie près de la moitié de la population active et représente 41.6 % du PIB, 57.7 % de la valeur ajoutée non agricole et 39.8 % de la production de l'économie sénégalaise. Seulement 8.7 % des unités de production informelles disposent du Numéro d'identification National des Entreprises et Associations (NINEA), même si elles sont souvent enregistrées au Registre du Commerce et du Crédit Mobilier (RCCM). La part des impôts

1. Informations tirées du site internet du gouvernement du Sénégal www.gouv.sn.
2. Banque mondial : http://donnees.banquemondiale.org/pays/senegal ; et Situation économique du Sénégal : apprendre du passé pour un avenir meilleur, décembre 2014.
3. Agence nationale de la Statistique et de la Démographie : Enquête nationale sur le secteur informel au Sénégal, novembre 2013 : www.ansd.sn/ressources/rapports/Rapport-final-ENSIS.pdf.

et taxes payés à l'État reste relativement faible même si elle progresse sensiblement, avec 4.2 % de la valeur ajoutée totale du secteur (contre 10.4 % pour le secteur formel). Pour favoriser l'intégration du secteur informel, le seuil de capital minimal pour former une SARL a été abaissé en 2014 et supprimé en 2015. Le secteur informel est toutefois constitué en majorité de micro-unités, l'entreprenariat individuel représentant 91.8 % des entrepreneurs, et lorsque la propriété des entreprises est partagée, c'est essentiellement au niveau familial. Par ailleurs les ménages sénégalais constituent 92 % de la clientèle de l'économie informelle. Les autorités sénégalaises considèrent que le secteur informel n'est donc pas pertinent en matière d'échange de renseignements.

14. La monnaie ayant cours légal est le franc de la communauté financière d'Afrique (Franc CFA ou XOF). Un euro vaut 655.957 francs. Le Sénégal partage cette monnaie avec sept autres pays de l'Afrique de l'ouest faisant partie de l'Union Économique et Monétaire Ouest-africaine (UEMOA) : Bénin, Burkina Faso, Côte d'Ivoire, Guinée-Bissau, Mali, Niger et Togo.

15. Le Sénégal, indépendant de la France depuis 1960, est une République laïque, démocratique et sociale. Le régime politique est un régime présidentiel pluraliste, le Président étant élu tous les sept ans. Le pouvoir législatif est exercé par le Parlement, composé de l'Assemblée nationale et du Sénat. Le Sénégal et un État unitaire composé de 14 régions administratives.

Informations générales sur le système juridique

16. Le système juridique sénégalais est fondé sur le droit romano-germanique, dit aussi droit civil. Il est régi par une législation nationale et une législation communautaire. La hiérarchie des normes se décline comme suit : Constitution du 22 janvier 2001, traités et accords internationaux, lois, règlements et autres décisions administratives. Les traités ou accords régulièrement ratifiés ou approuvés ont, dès leur publication, une autorité supérieure à celle des lois, sous réserve de leur application par l'autre Partie.

17. Le droit **communautaire** (OHADA, UEMOA, CEDEAO, CIMA) est constitué de l'ensemble des dispositions des traités instituant les organisations communautaires et des différentes normes émanant de leurs organes : Règlements, Actes uniformes (directement applicables), Lois uniformes (transposées telles quelles), Directives, Décisions, Recommandations et Avis. Le droit communautaire régit les matières suivantes : droit commercial, droit bancaire, droit des assurances, droit financier, droit minier et une partie de la matière fiscale.

18. Le Sénégal est membre de l'Organisation pour l'Harmonisation en Afrique du Droit des Affaires (OHADA)[4]. Les pays membres de l'espace OHADA ont unifié leur droit des affaires à travers des instruments juridiques appelés Actes uniformes. Les matières faisant l'objet du droit uniforme concernent le droit commercial général, le droit des sociétés, le droit comptable, les règles relatives aux sûretés et garanties, l'arbitrage, les voies d'exécution, le droit des procédures collectives et d'apurement du passif, le droit des contrats de transport de marchandises par route et le droit des sociétés coopératives. Les actes uniformes OHADA sont directement applicables et obligatoires dans les États Parties, nonobstant toute disposition contraire de droit interne, antérieure ou postérieure et sans besoin de transposition.

19. Le Sénégal est également l'un des 8 membres de l'Union Économique et Monétaire Ouest Africaine (UEMOA). Les règlements et directives des institutions de l'UEMOA orientent la politique économique, fiscale et douanière des pays membres. Le règlement est un acte de portée générale, obligatoire dans tous ses éléments et directement applicable dans tout État membre de l'UEMOA. La directive quant à elle est un acte pris par le conseil des ministres de l'UEMOA qui lie les États quant au résultat à atteindre, mais leur laisse le choix du moyen pour y parvenir. Les directives ont ainsi besoin d'être transposées en droit interne. L'harmonisation des règles d'assiette et de recouvrement des impôts et taxes, ainsi que les règles de lutte contre le blanchiment des capitaux relèvent des directives tandis que l'élimination des doubles impositions et l'assistance administrative en matière fiscale entre les États membres relèvent des règlements.

20. Le Sénégal est l'un des 15 États membres de la Communauté Économique de l'Afrique de l'Ouest (CEDEAO), dont l'une des institutions spécialisées est le Groupe Intergouvernemental d'Action contre le Blanchiment d'Argent en Afrique de l'Ouest (GIABA) qui procède à des évaluations mutuelles de la conformité des dispositifs nationaux de lutte contre le blanchiment de capitaux et le financement du terrorisme aux normes du GAFI.

---

4. L'OHADA est née de la volonté de plusieurs États africains de créer entre eux un espace unique régi par le même droit des affaires afin de promouvoir le développement économique de l'Afrique à travers la sécurité juridique et judiciaire dans le commerce. L'Organisation a été instituée par le Traité relatif à l'Harmonisation du Droit des Affaires en Afrique (Traité OHADA) signé le 17 octobre 1993 à Maurice et révisé en 2008. Les 17 États parties au traité sont : le Bénin, le Burkina Faso, le Cameroun, la République centrafricaine, la Côte d'Ivoire, la République du Congo (Congo), les Comores, le Gabon, la Guinée, la Guinée-Bissau, la Guinée équatoriale, le Mali, le Niger, la République démocratique du Congo (RDC), le Sénégal, le Tchad et le Togo. Le Traité est ouvert à la signature de tout État africain.

21. Le système judiciaire sénégalais est unitaire, caractérisé par l'absence de juridictions spécialisées connaissant du contentieux administratif. En dehors du Conseil constitutionnel, de la Cour suprême et de la Cour des Comptes, le Sénégal compte 5 Cours d'Appel (Dakar, Thiès, Saint-Louis, Ziguinchor et Kaolack), des Tribunaux régionaux (11 fonctionnels) et départementaux.

22. La matière fiscale est ainsi du ressort des juridictions de droit commun. Suivant l'organisation judiciaire en vigueur au Sénégal, ce sont les tribunaux régionaux qui sont compétents en premier ressort. L'instance est portée au niveau du tribunal du lieu de situation du comptable public chargé du recouvrement. La possibilité de recours (appel) est offerte aux parties en cas de décision défavorable. Enfin, la décision de la Cour d'Appel peut aussi faire l'objet d'un pourvoi en cassation devant la Cour suprême. L'affaire est soumise, dans ce cas, à la chambre administrative de ladite Cour.

Informations générales sur le système fiscal

23. La matière fiscale, en ce qui concerne les règles d'assiette, de liquidation et de recouvrement, relève du domaine de la loi (article 67 de la Constitution). Le système fiscal Sénégal a fait l'objet d'une grande refonte avec l'entrée en vigueur, le 1er janvier 2013, du Nouveau Code Général des Impôts.

24. Les **principaux impôts** sont : les impôts directs et taxes assimilées ; les impôts indirects et taxes assimilées ; les droits d'enregistrement et taxes assimilées ; et les droits de douane. Sous l'autorité du Ministère de l'Économie, des Finances et du Plan, la Direction générale des impôts (DGID) est compétente pour tout ce qui concerne les impôts directs, les impôts indirects et les droits d'enregistrement, tandis que la Direction générale des Douanes (DGD) est chargée de la liquidation des droits et taxes exigibles à l'occasion de l'importation ou de l'exportation des produits ou marchandises.

25. Le système fiscal est **déclaratif**, avec comme corollaire le pouvoir de contrôle a posteriori de l'Administration fiscale. Toutefois, ce système n'est pas applicable aux contribuables n'ayant que des revenus salariaux. Ces derniers sont soumis au régime de la retenue à la source. Depuis la réforme fiscale de 2012, le mode de calcul repose sur un droit progressif suivant un barème, avec introduction du crédit d'impôt qui tient compte de la situation familiale. Les versements volontaires pour la constitution d'une retraite, les primes d'assurance vie, les pensions et les rentes viagères sont déductibles du revenu global. L'impôt sur le revenu des personnes physiques s'applique aux revenus de source sénégalaise et/ou étrangère (art. 47, CGI) de toute personne domiciliée au Sénégal (quelle que soit leur nationalité) ou titulaire de revenus de source sénégalaise (art. 48).

26. Les sociétés et autres personnes morales sont soumises à l'impôt sur les bénéfices réalisés au Sénégal (au taux de 30 %, sous réserve des traités fiscaux) et à défaut, à l'impôt minimum forfaitaire sur les sociétés de 0.5 % sur le chiffre d'affaires. Sont réputés réalisés au Sénégal, les bénéfices provenant des entreprises exploitées au Sénégal. Sont soumises à l'impôt sur les bénéfices les sociétés de capitaux (sauf unipersonnelles) ; les sociétés civiles à caractère industriel, commercial, agricole, artisanal, forestier ou minier ; les associés commanditaires des sociétés de personnes ; les personnes morales domiciliées à l'étranger lorsqu'elles sont bénéficiaires de revenus fonciers au Sénégal ou de plus-values provenant de la cession d'immeubles sis au Sénégal ou de droits y relatifs ou réalisent des plus-values à la suite de cessions de valeurs mobilières ou de droits sociaux détenus dans des entreprises de droit sénégalais. D'autres sociétés peuvent opter pour ce régime (par ex. les sociétés de personnes) de façon irrévocable. Sont exemptés d'impôts diverses structures de secours mutuel, les associations et organismes privés sans but lucratif, les fondations et les *waqfs* reconnus d'utilité publique. Les associés des autres types de sociétés et les actionnaires uniques de sociétés unipersonnelles sont soumis à l'impôt sur le revenu des personnes physiques, à moins que la société ait opté pour le régime de l'impôt sur les bénéfices.

27. Le Sénégal a entrepris des réformes de grande envergure pour libéraliser son économie, dont la création du régime de l'entreprise franche d'exportation qui couvre l'agriculture au sens large, l'industrie et les télé-services. Pour être agréée l'entreprise doit justifier d'un potentiel à l'exportation d'au moins 80 % de son chiffre d'affaires. L'agrément au statut d'entreprise franche d'exportation garantit notamment le libre transfert des fonds nécessaires à la réalisation de l'investissement et des opérations commerciales et financières à destination des pays extérieurs à la zone franc, le libre transfert des salaires pour les employés étrangers, le libre transfert des dividendes pour les actionnaires étrangers et l'arbitrage du Centre International pour le règlement des différends relatifs aux investissements (CIRDI).

28. Le Sénégal dispose d'un réseau conventionnel qui couvre 27 juridictions. Il a adhéré au Forum mondial en 2012 et s'est engagée à appliquer les normes internationales en matière de transparence. L'autorité compétente en matière d'échanges de renseignements est le Ministre des Finances.

Vue d'ensemble du secteur financier et des professions pertinentes

29. Le secteur financier est composé du secteur bancaire, du secteur de la microfinance, du marché des capitaux et du secteur des assurances.

30. La **Banque** Centrale des États de l'Afrique de l'Ouest (BCEAO) définit la réglementation applicable aux banques et établissements financiers et exerce à leur égard des fonctions de surveillance. Dans ce cadre,

la Commission Bancaire de l'Union monétaire ouest-africaine (UMOA), présidée par le Gouverneur de la BCEAO, est chargée de veiller à l'organisation et au contrôle du système bancaire dans l'UMOA. La tutelle technique des banques et établissements financiers au plan national est assurée par la BCEAO. Il existe 25 établissements de crédit au Sénégal : 22 banques et de 3 établissements financiers. Les avoirs financiers détenus par les banques au Sénégal s'élèvent à 1 889 milliards de francs CFA à fin décembre 2014 (EUR 2.88 milliards).

31. La microfinance fait référence à l'offre de services financiers aux populations pauvres et à faibles revenus, qui ont peu ou n'ont pas accès aux services financiers bancaires, dans le but de satisfaire les besoins de leur ménage ou de leurs activités économiques et professionnelles. Les autorités sénégalaises expliquent qu'à l'image de la plupart des pays en voie de développement, ce secteur a connu au Sénégal un développement fulgurant au cours des deux dernières décennies en rapport avec l'essor de la dynamique associative et la lutte contre la pauvreté. Ce secteur est régi par la loi n°2008-47 du 3 septembre 2008 portant règlementation des systèmes financiers décentralisés au Sénégal. Selon les indicateurs des systèmes financiers décentralisés de la BCEAO, le pays comprend fin 2014, 218 institutions de microfinance et 551 points de services pour 3.17 millions de clients/membres. Le montant total des dépôts s'élève à 229 milliards de francs CFA et l'encours des crédits à 268 milliards (EUR 350 millions et 409 millions respectivement).

32. Le Sénégal est enfin l'un des 14 membres de la Conférence Interafricaine des Marchés d'**Assurances** (CIMA). Par le biais du Conseil des Ministres qui est son organe suprême, la CIMA définit la politique du secteur des assurances, élabore la législation – le Code unique des assurances – l'interprète et la modifie. Tous les pouvoirs de supervision ont été conférés à la CIMA notamment à la Commission Régionale de Contrôle des Assurances (CRCA) qui en constitue l'organe de régulation. Seuls sont restés dans le domaine exclusif de la compétence des États, les pouvoirs de contrôle des activités des intermédiaires d'assurances et des experts techniques liés au domaine des assurances. Tous les autres pouvoirs, généralement reconnus à un organe de supervision d'assurance tels que l'agrément des compagnies d'assurances et de leurs dirigeants, le contrôle permanent de solvabilité, le pouvoir d'injonction et de sanction jusqu'au retrait d'agrément, lui sont dévolus. Enfin, le Conseil des Ministres est l'unique organe de recours des décisions prises par la CRCA contre les compagnies d'assurances.

33. En tant que membre de l'UMOA, le Sénégal partage la même bourse de **valeurs mobilières** que les autres sept États membres de cette communauté. Il s'agit de la Bourse Régionale des Valeurs Mobilières (BRVM) dont le siège se trouve à Abidjan en Côte d'Ivoire. Au 24 juillet 2015, trois sociétés sénégalaises étaient cotées à la BRVM (pour un total de 39 sociétés cotées).

34. Enfin, les professions et entreprises non financières tenues à un devoir de vigilance vis-à-vis de la clientèle sont, entre autres, les 55 huissiers de justice, les 363 avocats, les experts comptables et commissaires aux comptes (153 experts comptables, 13 comptables agréés et 74 sociétés d'expertise comptable), les 39 notaires, les conseils fiscaux (8 cabinets) et les agents immobiliers.

Évolution récente

35. Le droit OHADA a été modifié en 2014 pour mieux encadrer les titres au porteur, avec leur dématérialisation (cf. sous-section A.1.2).

36. Une nouvelle loi a été adoptée concernant le *waqf*, qui peut être classé dans la catégorie des trusts et fondations du fait qu'il est un modèle de trust au sens du droit musulman.

37. Le Sénégal prépare actuellement la signature de la Convention concernant l'assistance administrative mutuelle en matière fiscale, telle que modifiée (Convention Multilatérale), qui lui permettrait d'accroitre substantiellement son réseau conventionnel. Les autorités sénégalaises espèrent pouvoir signer la Convention d'ici fin 2015.

38. Un projet de directive relative à la lutte contre le blanchiment de capitaux et le financement du terrorisme dans les États membres de l'UEMOA, en cours d'examen par le Conseil des Ministres de l'UEMOA, contient une disposition permettant à la cellule de renseignement financier de « transmettre à l'administration fiscale, qui peut les utiliser pour l'exercice de ses missions, des informations sur des faits susceptibles de relever de la fraude ou de la tentative de fraude fiscale ».

Conformité à la norme

A. Disponibilité des renseignements

Vue d'ensemble

39. Un échange effectif de renseignements nécessite la disponibilité de renseignements fiables. En particulier, cela nécessite la disponibilité des renseignements relatifs aux propriétaires et autres parties prenantes dans une entité ou un arrangement ainsi que les renseignements relatifs aux transactions réalisées par toute entité ou structure. Ces renseignements peuvent être conservés pour des raisons fiscales, réglementaires, commerciales ou autres. Si ces renseignements ne sont pas conservés ou s'ils ne le sont pas pendant une période raisonnable, les autorités compétentes[5] d'une juridiction peuvent ne pas être en mesure de les obtenir et de les fournir lorsqu'ils sont demandés. Ce chapitre évalue l'adéquation du cadre juridique et réglementaire du Sénégal en ce qui concerne la disponibilité des renseignements.

40. Le Sénégal dispose d'un cadre juridique développé s'agissant de l'obligation de maintenir disponibles des renseignements relatifs à l'identité des associés des sociétés de personnes et des titulaires des actions nominatives dans les sociétés de capitaux.

---

5. Le terme « autorité compétente » désigne une personne ou autorité publique désignée par la juridiction comme étant compétente pour échanger des renseignements en application d'un traité fiscal ou d'un autre instrument d'échange de renseignements.

41. Toutes les sociétés sont tenues de s'immatriculer au Registre du commerce et du crédit mobilier en y déposant une copie de leurs statuts. Les informations relatives aux propriétaires des sociétés de personnes et des sociétés à responsabilité limitée y sont disponibles et mises à jour. Pour ce qui est des sociétés anonymes et des sociétés par actions simplifiées, les renseignements sur l'identité des fondateurs sont également disponibles au Registre. Les informations sur l'identité des propriétaires des actions nominatives après transfert sont disponibles dans les Sociétés anonymes et sociétés par actions simplifiées à travers les registres qu'elles doivent tenir à leur siège, ainsi qu'en grande partie auprès de l'Administration fiscale.

42. La législation sénégalaise permet l'émission d'actions au porteur dans les sociétés anonymes. Aux termes d'une modification du droit des sociétés en janvier 2014, tous les titres mobiliers, y compris les actions au porteur, doivent être dématérialisés d'ici mai 2016, ce qui rendra possible la disponibilité des renseignements sur les titres au porteur. Toutefois, la législation actuelle manque de clarté sur les modalités pratiques de la dématérialisation et notamment le sort des actions au porteur qui ne seraient pas dématérialisées au terme de la période transitoire de deux ans.

43. La législation ne permet pas la création de *trusts* de droit sénégalais. Toutefois, il n'est pas exclu qu'un *trust* soit administré depuis le Sénégal. À cet effet, les professionnels du droit agissant comme *trustees* et les autres assujettis à la législation de lutte contre le blanchiment de capitaux sont tenus de conserver les informations relatives aux constituants, trustees et bénéficiaires de *trusts* étrangers et la réglementation fiscale a été renforcée en 2015 par des obligations déclaratives. Les renseignements sur la propriété des autres entités pertinentes telles que les groupements d'intérêt économique, les sociétés civiles et les fondations, sont disponibles au Sénégal. Par contre le droit sénégalais reconnait le *waqf*, institution de droit musulman, mais ne semble pas garantir la disponibilité des informations relatives aux parties prenantes à un *waqf*. Une nouvelle loi a été adoptée pour mieux encadrer les *waqfs*, mais n'est pas encore pleinement appliquée du fait d'une période transitoire en cours.

44. Toutes les personnes physiques et morales assujetties à l'impôt sur les sociétés et à l'impôt sur les bénéfices des professions industrielles, commerciales, agricoles et sur les bénéfices des professions non commerciales sont astreintes à la tenue et à la conservation des données comptables et de la documentation justificative qui l'accompagne pendant une période d'au moins dix ans.

45. Les banques et institutions financières sont pour leur part tenues d'identifier leur clientèle et de conserver les informations relatives aux transactions réalisées par leurs clients pendant la même durée de dix ans que toute documentation comptable.

A.1. Renseignements relatifs à l'identité et à la propriété

> Les juridictions doivent s'assurer que leurs autorités compétentes ont à disposition des renseignements relatifs à la propriété et à l'identité pour l'ensemble des entités et arrangements pertinents.

46. Cette section porte sur la disponibilité des renseignements relatifs à l'identité et à la propriété des sociétés de capitaux (inclus les sociétés étrangères et l'information détenue par les mandataires), des titres au porteur, des sociétés de personnes, des *trusts*, des fondations et des toutes autres entités et arrangements pertinents. Elle porte aussi sur la mise en place de mécanismes d'application efficaces pour assurer la disponibilité de ces renseignements.

47. Le Sénégal est Partie au Traité instituant l'Organisation pour l'Harmonisation en Afrique du Droit des Affaires (OHADA). Le droit des affaires (par ex. droit commercial, des sociétés, des sûretés et des voies d'exécution) est régi dans les 17 États membres de l'OHADA par des actes uniformes, dont :

- L'Acte uniforme relatif au droit commercial général (AUDCG) adopté le 17 avril 1997 et modifié en 2010, qui organise, entre autres, les modalités d'immatriculation des sociétés et de fonctionnement du registre du commerce et du crédit mobilier ;
- L'Acte uniforme relatif au droit des sociétés commerciales et du groupement d'intérêt économique (AUDSCGIE), adopté le 1er janvier 2000 et modifié en 2014, qui fixe les règles relatives à différentes formes de sociétés commerciales.

48. Les sociétés sénégalaises se divisent en sociétés commerciales (caractère déterminé par sa forme ou son objet) et non-commerciales (ou civiles). L'AUDSCGIE prévoit sept types d'entités : trois types de sociétés de capitaux (cf. sous-section A.1.1), trois types de sociétés de personnes (cf. A.1.3) et le groupement d'intérêt économique (cf. A.1.5). Il est à noter que les notions de sociétés de capitaux et de sociétés de personnes ne recouvrent pas les notions de droit anglo-saxon de *companies* et *partnerships*.

Sociétés de capitaux (ToR A.1.1)

49. Les sociétés de capitaux sont assujetties à des formalités de publicité et d'enregistrement au moment de leur constitution, à des obligations de conservation et de mise à jour de renseignements, ainsi qu'à des formalités de déclaration fiscales assurant la disponibilité des renseignements concernant l'identité et la propriété des sociétés de capitaux.

Types de sociétés

50. Une société commerciale est créée par deux ou plusieurs personnes physiques ou morales qui conviennent, par un contrat, d'affecter à une activité des biens en numéraire ou en nature, dans le but de partager le bénéfice ou de profiter de l'économie qui pourra en résulter. Le droit OHADA permet de créer trois types des sociétés de capitaux au Sénégal :

- **La société anonyme (SA)** est une société dans laquelle les propriétaires appelés actionnaires ne sont responsables des dettes sociales qu'à concurrence de leurs apports et dont les droits sont représentés par des actions (article 385 AUDSCGIE). Les actions revêtent la forme de titres nominatifs ou de titres au porteur (cf. A.1.2). La société anonyme peut ne comprendre qu'un seul actionnaire (SA unipersonnelle). Le capital minimum est fixé à 10 millions de francs CFA (EUR 15 244). Il est divisé en actions négociables, représentatives d'apports en numéraire ou en nature, à l'exclusion de tout apport en industrie. Les sociétés anonymes peuvent faire appel public à l'épargne. Elles sont administrées soit par un conseil d'administration soit par un administrateur général dans le cas des SA dont le nombre des actionnaires est égal ou inférieur à trois. Elles nomment un commissaire aux comptes (art. 140). Au 31 décembre 2014, il existe 2 131 sociétés anonymes au Sénégal.
- **La société à responsabilité limitée (SARL)** est une société dans laquelle les propriétaires appelés associés ne sont responsables des dettes sociales qu'à concurrence de leurs apports, et dont les droits sont représentés par des parts sociales (article 309 AUDSCGIE). La loi n° 2015-07 du 9 avril 2015 portant réglementation du capital social de la société à responsabilité limitée déroge à l'AUDSCGIE sur la question du capital social minimal de la SARL, qu'elle laisse à la libre appréciation des associés (au lieu d'1 million de francs CFA dans l'Acte uniforme, et ce pour lutter contre le secteur informel). Le capital social est divisé en parts sociales égales, cessibles mais non négociables. La SARL est gérée par une ou plusieurs personnes physiques, associées ou non, nommées par les associées. Un commissaire aux comptes peut être également désigné pour le contrôle de la gestion de la SARL, et doit obligatoirement l'être quand deux des conditions suivantes sont remplies : le total du bilan dépasse 125 millions de francs, le chiffre d'affaires dépasse 250 millions de francs ou l'effectif permanent dépasse 50 personnes. C'est la forme de société la plus utilisée au Sénégal. Au 31 décembre 2014, le Sénégal compte 11 328 SARL.
- **La Société par actions simplifiées (SAS)**. La SAS est une nouvelle forme de sociétés consacrée par l'AUDSCGIE dans sa modification

du 30 janvier 2014 (article 853). Elle mêle des caractéristiques de la SA et de la SARL. À quelques exceptions près, les règles concernant les SA sont applicables à la SAS. Cependant, à la différence de la SA, la SAS peut émettre des actions résultants des apports en industrie. De même, le montant du capital social et celui des actions est fixé par le statut. Le statut fixe aussi les conditions dans lesquelles la société est dirigée. Enfin, la SAS ne peut faire appel public à l'épargne. Au 31 décembre 2014, le Sénégal compte 24 SAS.

Renseignements détenus par les autorités publiques

51. Les autorités publiques sénégalaises, particulièrement le Registre du commerce et du crédit mobilier et l'Administration fiscale, détiennent des renseignements sur l'identité des fondateurs de sociétés de capitaux qui leur sont communiqués lors de l'enregistrement des sociétés, ainsi que sur l'identité des propriétaires actuels des SARL par la mise à jour de ces renseignements. Les renseignements relatifs aux propriétaires d'actions nominatives des SA et SAS sont également connus de l'Administration fiscale (et doivent être conservées par les sociétés elles-mêmes).

Registre de commerce et du crédit mobilier

52. La constitution des sociétés de capitaux est régie par l'Acte uniforme relatif au droit des sociétés commerciales (AUDSCGIE) et l'Acte Uniforme portant sur le Droit Commercial Général (AUDCG), et conditionnée par leur immatriculation au Registre du Commerce et du Crédit Mobilier (RCCM) tenu au Greffe du tribunal régional du siège de la société (AUDSCGIE, art. 97). Le Sénégal compte 11 registres.

53. Un Fichier National centralise à Dakar les renseignements consignés dans chaque RCCM (et partiellement en ligne sur le site Seninfogreffe) et un fichier régional, tenu auprès de la Cour Commune de Justice et d'Arbitrage, centralise les renseignements consignés dans chaque Fichier National (AUDCG, art. 36).

54. La demande d'**immatriculation** doit parvenir dans un délai de 30 jours après constitution de la société (AUDCG, art. 46). La société ne jouit de la personnalité juridique qu'à compter de son immatriculation avec attribution d'un numéro d'immatriculation unique (art. 60). Le formulaire de demande d'immatriculation demande l'identité des dirigeants de la société, l'adresse du siège social et le cas échéant du principal établissement et de chacun des autres établissements (art. 46). Tout changement d'un des éléments inscrits au Registre doit faire l'objet d'une demande de rectification ou de complément dans les 30 jours de la modification (art. 52). De même toute dissolution ou liquidation de société doit faire l'objet d'une demande de

radiation au Registre (art. 58). Le formulaire doit s'accompagner de pièces justificatives, dont une copie certifiée conforme des statuts de la société (art. 47).

55. Un Numéro d'Identification National des Entreprises et Associations (NINEA) et alors attribué au contribuable par le Centre National d'Identification, et devra être porté sur les documents émis par la société, telles les factures (décret n° 95.364 sur le numéro national d'identification).

56. Les **statuts** de la société, qui doivent être déposés au Registre, sont établis par acte notarié (acte authentique) ou par acte sous-seing privé (c'est-à-dire hors la présence d'un notaire mais déposé auprès d'un notaire). Les statuts doivent obligatoirement mentionner (AUDSCGIE, art. 13) :

- la forme de la société ; sa dénomination (qui ne peut être la même que celle d'une société déjà immatriculée) ; la nature et le domaine de son activité, qui forment son objet social ; son siège social ;
- l'identité des apporteurs en numéraire avec, pour chacun d'eux, le montant des apports ; l'identité des apporteurs en nature ou en industrie et les détails afférents à ces apports ;
- le nombre et la valeur des titres sociaux remis en contrepartie de chaque apport ;
- le montant du capital social ; le nombre et la valeur des titres sociaux émis, en distinguant, le cas échéant, les différentes catégories des titres créées.

57. L'identité des fondateurs de sociétés est donc mentionnée aux statuts, qui sont eux-mêmes déposés au RCCM. Par contre, toutes les sociétés ne doivent pas modifier leurs statuts lors des changements de propriétaires : seules les SARL ont cette obligation, dans les 30 jours suivant le transfert (AUDSCGIE, art. 52) – la cession des parts sociales n'est opposable aux tiers qu'après la modification des statuts et sa publicité au RCCM (AUDSCGIE, art. 61 and 317, et n'est opposable à la société qu'après sa notification, cf. supra).

58. Les SA et les SAS n'ont pas à modifier leurs statuts en cas de transfert de titres, ni donc l'obligation d'informer le RCCM des changements de leurs propriétaires (cependant, l'information sur les propriétaires est disponible auprès de la société, voir ci-dessous).

Autorités fiscales

59. Le Code Général des Impôts (CGI) prévoit plusieurs obligations déclaratives, permettant à l'Administration de connaître tout ou partie des

propriétaires de sociétés. D'abord tout contribuable doit remplir une déclaration d'existence dans les 20 jours de l'ouverture de son établissement ou du commencement de son exploitation (CGI, art. 633). Les statuts et un certificat d'immatriculation au RCCM doivent être joints à la déclaration (cf. ci-dessus pour le contenu des statuts). Ainsi l'identité des fondateurs de sociétés est connue des autorités fiscales.

60. Le CGI contient également des obligations déclaratives périodiques permettant aux autorités fiscales d'avoir des informations sur la propriété ; il oblige notamment les sociétés ayant constaté, au cours d'une année, des transferts de propriété à souscrire, lorsqu'elles sont domiciliées au Sénégal, une déclaration indiquant l'identité et l'adresse du cédant et du cessionnaire ainsi que le nombre, la forme et la valeur des titres (CGI, art. 98). Cette déclaration est obligatoirement déposée au service des impôts compétent dans le mois de la tenue de l'assemblée générale statuant sur les comptes de l'exercice précédent. Toute société devant tenir un registre des titres nominatifs en application de l'AUDSCGIE (voir ci-dessous), l'Administration fiscale a donc en sa possession une liste des propriétaires de sociétés de capitaux (sur une base annuelle) comprenant tous les détenteurs de titres nominatifs et ceux de titres au porteur qui se seront fait connaitre de la société (cf. A.1.2 sur les titres au porteur).

Informations détenues par les sociétés et les tiers

61. L'identité des associés de SARL doit figurer aux statuts de la société, conservés à son siège, et la cession des parts sociales entre vifs doit être constatée par écrit et signifiée à la SARL pour lui être opposable (art. 317 AUDSCGIE).

62. L'identité à jour des actionnaires de SA et SAS figure dans le registre des actionnaires qu'elles doivent tenir, mais uniquement concernant les actions nominatives (AUDSCGIE, art. 746-1, obligation rappelée à l'article 636 CGI). Le registre est tenu par chaque société ou par une personne qu'elle habilite à cet effet, sans qu'il soit précisé si cette personne doit être au Sénégal (imprécision compensée par l'obligation fiscale de notifier les changements de propriétaires). Le registre contient les mentions relatives aux opérations de transfert, de conversion, de nantissement et de séquestre des titres, notamment : la date de l'opération ; les nom, prénoms et domicile de l'ancien et du nouveau titulaire des titres, en cas de transfert ; les nom, prénoms et domicile du titulaire des titres, en cas de conversion de titres au porteur en titres nominatifs. En cas de transfert, le nom de l'ancien titulaire des titres peut être remplacé par un numéro d'ordre permettant de retrouver ce nom dans les registres d'actionnaires.

63. Toutes les écritures contenues dans les registres doivent être signées par le représentant légal de la société ou son délégué. Le rapport du commissaire aux comptes soumis à l'assemblée générale ordinaire annuelle constate l'existence des registres et donne son avis sur leur tenue conforme (pour toutes les SA et SAS). Une déclaration des dirigeants attestant de la tenue conforme des registres est annexée audit rapport (art. 746-2 AUDSCGIE).

64. Le droit anti-blanchiment ne renforce pas les dispositions fiscales et de droit des sociétés, puisque les obligations d'identification se limitent aux informations sur la société elle-même et ses dirigeants, et n'incluent pas l'obligation de connaitre les propriétaires des clients personnes morales.

Conclusion

65. Pour les SARL, les renseignements relatifs à l'identité des propriétaires est disponible au RCCM et auprès de l'Administration fiscale aussi bien lors de la création de la SARL qu'en cas de transfert des parts sociales. Concernant les SA et les SAS, seules l'identité des fondateurs est disponible au RCCM. Les autorités fiscales détiennent par contre toute l'information relative aux propriétaires d'actions nominatives de SA et SAS puisqu'elles reçoivent l'information sur les fondateurs et l'information sur les transferts sur une base annuelle. Enfin, l'information est également disponible auprès des sociétés dans le registre des actionnaires, que ces sociétés ont l'obligation de tenir à jour.

Sociétés étrangères

66. Il incombe au pays selon la législation duquel les sociétés ou personnes morales sont constituées de s'assurer que des renseignements relatifs à la propriété de ces entités sont disponibles. En outre, lorsqu'une société ou une personne morale a un lien suffisant avec une autre juridiction, notamment lorsqu'elle y est résidente à des fins fiscales (par exemple parce que c'est là que se situe son siège de direction ou d'administration effective), cette autre juridiction devra aussi s'assurer que des renseignements sur la propriété sont disponibles.

67. Dans le cas du Sénégal, le « lien suffisant » ne peut pas être basé sur le critère de la résidence fiscale. En effet, le Sénégal a un système territorial en matière d'imposition des sociétés. L'article 3 du CGI prévoit que l'impôt sur les bénéfices est dû à raison des bénéfices réalisés par les sociétés exploitées au Sénégal[6]. La notion de résidence fiscale est donc sans incidence au

6. Sont par ailleurs soumises à l'impôt sur les bénéfices les personnes morales domiciliées à l'étranger lorsqu'elles sont bénéficiaires de revenus fonciers au Sénégal ou de plus-values provenant de la cession d'immeubles sis au Sénégal ou

Sénégal. Les sociétés de capitaux ou de personnes qui sans avoir de siège social au Sénégal y exercent une activité passible de l'impôt doivent indiquer dans la déclaration d'existence de l'art. 633 CGI le lieu de leur principal établissement au Sénégal, ainsi que les prénoms, nom et adresse de leur représentant au Sénégal (art. 96 CGI). Les succursales doivent être immatriculées au RCCM (article 119 AUDSGIE et article 48 AUDCG) et disposer d'un NINEA (décret n° 95.364, art. 2) mais n'ont pas d'obligation de déclarer l'identité des propriétaires de la société, et elles ne sont pas considérées comme fiscalement résidentes au Sénégal.

68. Les autorités sénégalaises expliquent que l'article 98 CGI sur les déclarations de transferts de propriété s'applique à toute société domiciliée au Sénégal et couvre les sociétés dont le siège social se trouve au Sénégal sur la base de l'article 24 AUDSCGIE (qui définit le siège social comme soit le lieu du principal établissement de la société ou celui de son centre de direction administrative et financière, au choix des associés au moment de la rédaction des statuts). Ainsi, soit les sociétés sont considérées comme sénégalaises parce que leur siège est au Sénégal, soit elles sont considérées comme des succursales. Dans le second cas, le droit prévoit que dès lors que la société étrangère tisse un lien suffisant avec le Sénégal, à savoir une présence sur le territoire atteignant deux ans, elle doit transformer sa succursale en personne morale de droit local. À défaut, l'entité doit être fermée.

69. De ce fait, le droit OHADA établit un critère de « lien suffisant » sur la base de la durée de l'activité économique de la société étrangère au Sénégal. Si celle-ci excède deux ans, le lien suffisant est établi et la société étrangère doit constituer une filiale, ce qui implique notamment une obligation de conservation de l'information sur la propriété de la société.

Informations détenues par des mandataires (« nominees »)

70. Le droit sénégalais ne prévoit pas de dispositions particulières sur la notion anglo-saxonne de « *nominee* ». Les titres émis par les sociétés de capitaux immatriculées au Sénégal sont détenus par leur propriétaire en nom propre. Par contre, le droit OHADA se réfère au « mandataire », qui est un concept de droit civil : dans certains cas précis les actionnaires d'une société peuvent se faire représenter dans divers actes par des mandataires qui agissent en déclarant leur statut de mandataire en fonction des pouvoirs qui leurs sont conférés, et non de façon occulte (par ex. AUDSCGIE, art. 126, 288, 306, 315).

---

de droits y relatifs, ou réalisent des plus-values à la suite de cessions de valeurs mobilières ou de droits sociaux détenus dans des entreprises de droit sénégalais (art. 4 CGI).

Titres au porteur (ToR A.1.2)

71. Les parts au porteur existent au Sénégal : l'article 745 AUDSCGIE prévoit que les valeurs mobilières revêtent la forme de titres au porteur ou de titres nominatifs. Il est par ailleurs précisé que la forme exclusivement nominative peut être imposée par des dispositions de l'Acte uniforme ou par les statuts de la société. C'est ainsi que seules les SA et les SAS peuvent émettre des actions au porteur, la SARL ne pouvant émettre que des titres nominatifs appelés « part sociales » ; cependant l'importance des actions au porteur au Sénégal n'est pas connue puisque le nombre de société ayant émis ces titres ni la valeur de ces titres n'est connue.

72. Depuis 2014, l'article 748-1 nouveau réduit encore cette possibilité : seules les actions admises aux négociations sur une bourse de valeurs ou aux opérations d'un dépositaire peuvent être au porteur.

73. Avant une modification de l'AUDSCGIE en 2014, ses articles 745 et 764 ne prévoyaient aucune obligation permettant à la société ou aux tiers de connaître les propriétaires des actions au porteur. Tout au plus existait-il des dispositions éparses susceptibles de donner quelques indications sur l'identité des propriétaires, notamment sur les premiers souscripteurs. Par ailleurs le droit fiscal permet d'identifier les propriétaires quand des dividendes sont distribués. En raison de la modification de l'AUDSCGIE intervenue le 14 janvier 2014, les renseignements sur l'identité des propriétaires des actions au porteur devraient être disponibles, en tout cas dès 2016 car les sociétés ont désormais l'obligation d'inscrire en compte au nom de leur véritable propriétaire tous les titres sociaux préexistants ou nouveaux.

Avant la modification de l'AUDSCGIE

74. Avant 2014, le Sénégal n'avait pas de dispositif complet d'identification des propriétaires d'actions au porteur. Dans le cas des titres au porteur, le porteur en était réputé propriétaire, et le titre était cessible par remise de la main à la main (AUDSCGIE, art. 764). Quelques dispositions permettent de connaître certains propriétaires avant leur immobilisation prévue au plus tard pour 2016.

75. Tout d'abord, au moment de l'émission de nouvelles actions au porteur (au moment de la création de la société ou lors d'augmentations du capital), le nom du souscripteur est indiqué sur le bulletin de souscription, dont un original est conservé par la société (AUDSCGIE, art. 390 à 392, 601 à 603).

76. D'autres dispositions permettent de connaître l'identité des propriétaires actuels de titres au porteur, mais seulement si ceux-ci participent à l'assemblée générale de la société, puisqu'ils doivent alors signer la feuille de

présence après dépôt de leurs titres (AUDSCGIE, art. 519, 532, et 541). Cette obligation ne permet pas de connaître l'identité des propriétaires de toutes les actions au porteur dans la mesure où tous les actionnaires ne sont pas obligés de participer aux assemblées générales.

77. Par ailleurs, les sociétés faisant appel public à l'épargne avaient la faculté d'opter pour un régime de dématérialisation de leurs actions, c'est-à-dire d'inscription de leurs actions (y compris celles au porteur) dans un compte ouvert au nom de leur propriétaire et tenu soit par la société émettrice, soit par un intermédiaire financier agréé, leur transmission s'opérant alors par virement de compte à compte (ancien art. 764).

78. Le droit fiscal sénégalais permet de son côté d'identifier les propriétaires de parts au porteur recevant des dividendes, puisque l'article 97-2-a) CGI prévoit que les sociétés doivent accompagner leur déclaration fiscale d'un état nominatif énonçant le montant des sommes distribuées à chacun des associés (intérêts, dividendes, revenus et autres produits des actions et parts sociales) avec l'indication de leur résidence ou de leur domicile. Là encore, les autorités sénégalaises indiquent que le terme d'associé doit être entendu au sens large, comme couvrant les associés de SARL et les actionnaires de SA et SAS, et donc les propriétaires de parts au porteur (qui doivent également déclarer ces revenus mobiliers). Toutefois cette disposition ne vise que les propriétaires faisant valoir leur droit à revenu.

79. Enfin, la règlementation boursière de l'UEMOA qui s'applique au Sénégal prévoit la dématérialisation des titres au porteur des sociétés cotées depuis 1997. En effet, l'article 111 du Règlement général relatif à l'organisation, au fonctionnement et au contrôle du marché financier régional de l'UMOA (Union Monétaire Ouest Africaine), adopté le 29 novembre 1997, dispose qu'« à compter de l'application du présent Règlement, toutes les nouvelles émissions et les titres cotés à la Bourse Régionale des Valeurs Mobilières doivent être dématérialisés et conservés chez le Dépositaire Central/Banque de Règlement ». Les trois sociétés sénégalaises actuellement cotées ont toutes été introduites en bourse après l'entrée en vigueur de ce Règlement, ce qui signifie que les actions cotées sont toutes déjà dématérialisées.

80. En définitive, l'AUDSCGIE ne permettait pas, avant sa révision en 2014 d'identifier tous les propriétaires des titres au porteurs dans les sociétés de capitaux sénégalaises non cotées.

Depuis 2014

81. Aux termes de l'article 744-1 nouveau, « les valeurs mobilières, qu'elle que soit leur forme, doivent être inscrites en compte au nom de leur propriétaire. Elles se transmettent par virement de compte à compte. Le transfert de propriété des valeurs mobilières résulte de l'inscription des valeurs

mobilières au compte-titres de l'acquéreur ». Ainsi, les titres au porteur, comme les titres nominatifs, sont désormais dématérialisés et leurs propriétaires identifiables. De plus, l'article 748-1 dispose que seules les actions admises aux négociations sur une bourse de valeurs ou aux opérations d'un dépositaire peuvent revêtir la forme au porteur (sous forme dématérialisée). Les autres actions au porteur doivent être converties en titres nominatifs. Toutes les conditions sont ainsi réunies pour que l'identité de tous les actionnaires, y compris ceux qui sont titulaires des actions au porteur soit connue par la société ou par un dépositaire central.

82. L'article 919 prévoit que les sociétés disposent de deux ans, à compter de son entrée en vigueur le 5 mai 2014, pour mettre leurs statuts en harmonie avec les nouvelles dispositions. Dès lors, toutes les actions au porteur créées avant cette date ne pourront garder la forme papier que jusqu'au 5 mai 2016 au plus tard. Elles devront d'ici là être soit dématérialisées soit converties en titres nominatifs.

83. Toutefois, l'AUDSCGIE ne prévoit pas de sanction spécifique contre les sociétés ou les titulaires d'actions au porteur qui ne seraient pas régularisées à l'expiration de la période transitoire (cf. A.1.6). Il ne semble pas exister en droit sénégalais de dispositions qui pourraient pallier cette défaillance. Il est recommandé aux autorités sénégalaises de prendre des mesures visant à assurer la dématérialisation de tous les titres au porteur à l'expiration de la période transitoire de deux ans accordée aux sociétés à cet effet.

Sociétés de personnes *(ToR A.1.3)*

84. L'AUDSCGIE consacre les types de société de personnes suivants, ayant pour caractéristique commune d'avoir un capital social divisé en parts sociales (et non en actions) dont la cession n'est pas libre :

- **la Sociétés en Nom Collectif** (SNC) dans laquelle tous les associés sont commerçants et répondent indéfiniment et solidairement des dettes sociales (article 270 AUDSCGIE).
- **la Sociétés en Commandite Simple** (SCS) dans laquelle coexistent deux catégories d'associés : d'une part les « associés commandités », indéfiniment et solidairement responsables des dettes sociales et, d'autre part les « associés commanditaires » ou « associés en commandite », responsables des dettes sociales dans la limite de leurs apports (article 293 AUDSCGIE).
- **la Sociétés en Participation** dans laquelle les associés conviennent qu'elle ne sera pas immatriculée au RCCM et qu'elle n'aura pas la personnalité morale. Elle n'est pas soumise à publicité. L'existence de la société en participation peut être prouvée par tous moyens

(article 854 AUDSCGIE). À moins qu'une organisation différente n'ait été prévue, les rapports entre associés sont régis par les dispositions applicables aux SNC (article 862 AUDSCGIE). A priori il est difficile de connaître le nombre des sociétés en participation créées au Sénégal dans la mesure où elles ne sont pas immatriculées au RCCM.

85. Il existe 532 sociétés de personnes enregistrées au Sénégal. L'information sur les associés des sociétés de personnes est disponible au RCCM ou auprès de l'Administration fiscale.

Formalités de publicité et d'enregistrement

86. Les SNC et SCS sont, comme les sociétés de capitaux, tenues de s'immatriculer au RCCM et d'y déposer leurs statuts. Les informations suivantes sont conservées au RCCM (art. 46 et 52 AUDCG) et les changements qui y sont apportés doivent obligatoirement lui être communiqués :

- les noms, prénoms et domicile personnel des associés tenus indéfiniment et personnellement responsables des dettes sociales avec mention de leur date et lieu de naissance, de leur nationalité ;
- les noms, prénoms, date et lieu de naissance, et domicile des gérants, dirigeants, administrateurs ou associés ayant le pouvoir général d'engager la personne morale ou le groupement ;
- la participation au capital ;
- l'adresse du siège social, et le cas échéant, celle du principal établissement et des autres établissements.

87. Ces dispositions garantissent que les noms de tous les associés de SNC et des associés commandités de SCS sont enregistrés au RCCM et mis à jour, mais pas ceux des associés commanditaires de SCS après cession de parts (les statuts fournissant l'identité des fondateurs, voir plus bas).

88. Pour ce qui est des changements d'associés des **SNC**, les parts sociales ne peuvent être cédées qu'avec le consentement unanime des associés. À défaut, la cession ne peut avoir lieu, mais les statuts peuvent aménager une procédure de rachat pour permettre le retrait de l'associé cédant (article 274 AUDSCGIE). La cession de parts doit être constatée par écrit. Elle n'est rendue opposable à la société qu'après accomplissement de l'une des formalités suivantes : signification à la société de la cession par exploit d'huissier ; acceptation de la cession par la société dans un acte authentique ; dépôt d'un original de l'acte de cession au siège social contre remise par le gérant d'une attestation de dépôt. De plus, la cession des parts sociales n'est opposable aux tiers qu'après publication par dépôt en annexe au RCCM.

89. S'agissant des **SCS**, les statuts doivent indiquer la part de chaque associé commandité ou commanditaire et le montant ou la valeur des apports. De plus la cession de parts doit être constatée par écrit. Elle n'est rendue opposable à la société et aux tiers que dans les mêmes conditions que les cessions de parts dans les SNC. Les parts sociales ne peuvent être cédées qu'avec le consentement de tous les associés (article 296 AUDSCGIE) sauf dispositions particulières[7].

90. En raison de leur caractéristique propre qui est justement le défaut d'immatriculation, les **sociétés en participation** ne sont pas enregistrées au RCCM. Toutefois, leurs gérants sont tenus de se faire immatriculer au RCCM, et chaque associé reste propriétaire des biens qu'il met à la disposition de la société. De même, les renseignements sur l'identité des associés devraient être disponibles dans la société. En effet, sauf disposition contraire, les rapports entre associés des sociétés en participation sont régis par les dispositions applicables aux sociétés en nom collectif (article 856 AUDSCGIE).

Obligations fiscales

91. Le Code Général des Impôts (CGI) prévoit plusieurs obligations déclaratives, permettant à l'Administration de connaître les propriétaires de sociétés de personnes.

92. Tout d'abord, l'article 633 sur l'obligation de déclaration d'existence concerne tous les contribuables, y compris les sociétés de personnes. Les statuts et un certificat d'immatriculation au RCCM doivent être joints à la déclaration (cf. ci-dessus pour le contenu des statuts).

93. Les sociétés de personnes (sénégalaises ou étrangères) ne sont assujetties à l'impôt sur les bénéfices que si elles optent pour cette possibilité. À défaut, les associés commanditaires des SCS y sont assujettis pour la part des bénéfices sociaux correspondant à leurs droits (CGI, art. 4, voir A.1.1 ci-dessus). Autrement les associés sont soumis à l'impôt sur le revenu des personnes physiques relatif aux bénéfices industriels et commerciaux pour la part de bénéfices sociaux correspondant à leurs droits dans la société (art. 51 et 119). Ainsi doivent-ils indiquer les revenus tirés des parts sociales dans leur déclaration annuelle de revenus. Cet impôt s'applique aux revenus de

7. Les statuts peuvent stipuler que les parts des associés commanditaires sont librement cessibles entre associés; que les parts des associés commanditaires peuvent être cédées à des tiers étrangers à la société avec le consentement de tous les associés commandités et de la majorité en nombre et en capital des associés commanditaires; qu'un associé commandité peut céder une partie de ses parts à un associé commanditaire ou à un tiers étranger à la société avec le consentement de tous les associés commandités et de la majorité en nombre et en capital des associés commanditaires.

source sénégalaise et/ou étrangère (art. 47) ainsi qu'aux personnes physiques résidentes à l'étranger et percevant des bénéfices au Sénégal (art. 53).

94. De plus les gérants de sociétés de personnes doivent également fournir des informations à l'Administration fiscale. Les gérants des SNC sont tenus de fournir en même temps que la déclaration annuelle du bénéfice social, un état indiquant les prénoms, nom, domicile et NINEA des associés, et la part des bénéfices de l'exercice ou des exercices clos au cours de l'année précédente correspondant aux droits de chacun des associés (art. 257).

95. Les revenus distribués par les SCS et sociétés en participation sont considérés comme revenus de valeurs mobilières (art. 84). À ce titre, une déclaration doit être déposée au service des Impôts compétent dans le délai d'un mois à compter de leur constitution définitive (CGI, art. 95) indiquant, entre autres, des informations sur le nombre et la forme des titres, ainsi que l'identité des dirigeants et des associés. Toute modification doit être communiquée dans le délai d'un mois, dont les changements d'associés (CGI, art. 95(II)).

96. Au final, les renseignements relatifs aux propriétaires de sociétés de personnes sont disponibles au Sénégal, auprès du RCCM, de l'Administration fiscale et/ou des sociétés elles-mêmes.

Trusts *(ToR A.1.4)*

97. Le Sénégal n'a pas légiféré sur les trusts ni sur les fiducies et le pays n'est pas signataire de la Convention de la Haye du 1er juillet 1985 relative à la loi applicable au trust et à sa reconnaissance juridique. Pour autant, il n'existe pas de disposition en droit sénégalais qui interdise à un résident d'agir en tant que trustee d'un trust étranger, ni qui interdise à un trust étranger de détenir des biens au Sénégal.

98. Il existe depuis le 31 mars 2015 une obligation fiscale d'enregistrement des trusts étrangers qui seraient administrés au Sénégal ou dont l'un des trustees serait résident au Sénégal, et de déclaration préalable des renseignements concernant leurs *settlors*, *trustees*, et bénéficiaires. De plus, la législation anti-blanchiment permet aussi d'avoir des renseignements sur l'identité des acteurs de certains *trusts*.

Droit fiscal

99. Les dispositions générales du CGI s'appliquent aux trusts et les autorités sénégalaises indiquent que les constituants, trustees et bénéficiaires sont imposables suivant les règles générales de droit commun aussi bien en matière d'impôt sur le revenu qu'en matière de droit d'enregistrement. De même, les dispositions de l'article 633.I sur la déclaration d'existence étant

très larges, les autorités sénégalaises considèrent que si un trust était géré au Sénégal, le trustee devrait en déclarer l'existence et en fournir l'acte constitutif, compris comme « titre justificatif ».

100. Par ailleurs des obligations déclaratives visant spécifiquement les trusts ont été introduites en 2015 aux articles 633.VI et 667 (amende) du Code général des impôts :

> 633.IV. Les administrateurs, bénéficiaires, ou trustees résidents au Sénégal et liés à un trust situé à l'étranger sont tenus de déposer auprès du Chef du service des impôts de son domicile fiscal, dans les vingt (20) jours qui suivent sa nomination, une déclaration indiquant l'identité et l'adresse des membres ou bénéficiaires de trusts ou fiducies situés à l'étranger. L'acte constitutif du trust ou de la fiducie doit être joint à la déclaration.
>
> Cette obligation incombe aux administrateurs, bénéficiaires ou trustees résidents à l'étranger de trusts ou fiducies possédant au Sénégal des biens, droits et participations.
>
> Ils doivent en outre informer, dans le délai d'un mois, l'administration fiscale de toute modification intervenue dans l'allocation des bénéfices ou du contrat, de tout changement de bénéficiaires et de tout transfert de propriété.

101. Les autorités sénégalaises précisent que les « trusts situés à l'étranger » doivent être compris comme les trusts créés selon un droit étranger, donc tous les trusts. La notion de « membre » du trust couvre le constituant. Les autorités sénégalaises confirment également que cette obligation s'applique aux trusts existant qui remplissent les conditions énoncées. Ainsi cette nouvelle disposition garantit que les autorités fiscales sénégalaises disposent d'informations qui identifient le constituant, le trustee et les bénéficiaires de trusts explicites administrées dans cette juridiction ou dont un fiduciaire est résident de cette juridiction, information qui doit être régulièrement mise à jour.

Loi anti-blanchiment

102. La loi n° 2004-09 du 6 février 2004 relative à la lutte contre le blanchiment de capitaux au Sénégal permet d'avoir des renseignements sur certains *trusts*. En effet, la loi assujettit aux obligations d'identification de la clientèle, de conservation de documents (10 ans après la fin de la relation) et de déclaration (article 5) « les membres des professions juridiques indépendantes, lorsqu'ils représentent ou assistent des clients en dehors de toute procédure judiciaire, notamment dans le cadre des activités (...) de constitution, gestion ou direction de sociétés, de fiducies ou de structures similaires ;

d'exécution d'autres opérations financières ». Les trusts sont des structures similaires aux fiducies. Ces personnes sont ainsi tenues au même titre que d'autres assujettis (banques, etc.) d'identifier leurs clients et de conserver les documents. De même les organismes financiers doivent identifier les responsables, employés et mandataires agissant pour le compte d'autrui (art. 7) et au cas où le client n'agirait pas pour son propre compte, ils doivent se renseigner par tous moyens sur l'identité de la personne pour le compte de qui il agit, i.e. l'ayant droit économique (art. 9), dispositions qui pourraient couvrir les comptes ouverts pour un *trust*.

103. Cette loi transpose en droit sénégalais une Directive du Conseil des Ministres de l'UEMOA. Par ailleurs, l'Instruction n°1/2007/RB du 2 juillet 2007 de la BCEAO relative à la lutte contre le blanchiment de capitaux oblige les assujettis à déclarer à la cellule de renseignements financiers les opérations effectuées pour compte propre ou pour compte de tiers avec des personnes physiques ou morales, y compris leurs filiales ou établissements, agissant sous forme ou pour le compte de fonds fiduciaires ou de tout autre instrument de gestion d'un patrimoine d'affectation, dont l'identité des constituants ou des bénéficiaires n'est pas connue (art. 11).

104. La vérification de l'identité d'une personne physique (le *settlor*, le *trustee* ou le bénéficiaire) est opérée par la présentation d'une carte d'identité nationale ou de tout document officiel original en tenant lieu, en cours de validité, dont il est pris copie. La vérification de l'adresse professionnelle et domiciliaire est effectuée par la présentation de tout document de nature à en rapporter la preuve. L'identification d'une personne morale ou d'une succursale est effectuée par la production, d'une part, de tout acte ou extrait du registre du commerce, attestant de sa forme juridique et de son siège social et, d'autre part, des pouvoirs des personnes agissant en son nom. La vérification d'identité couvre l'adresse véritable des responsables, employés et mandataires agissant pour le compte d'autrui (dont les trustees). Ces derniers doivent, à leur tour, produire les pièces attestant, d'une part, de la délégation du pouvoir ou du mandat qui leur a été accordé et, d'autre part, de l'identité et de l'adresse de l'ayant droit économique (art. 7). Ces dispositions visent les trusts ayant une relation avec un assujetti ou dont le trustee est un assujetti.

105. Au final, d'après les autorités sénégalaises, la probabilité d'avoir des *trustees* ou fiduciaires professionnels ou non-professionnels au Sénégal est quasi nulle, et l'administration fiscale n'a aucune expérience pratique concernant les trusts. La cellule de renseignement financier du Sénégal (CENTIF) n'a pas non plus connaissance de l'existence d'un trustee de trust étranger exerçant ses activités sur le territoire national. L'évaluation anti-blanchiment

du GIABA[8] arrivait à la même conclusion en 2008. Cette question sera examinée en profondeur dans le cadre de la Phase 2 de l'évaluation.

Fondations (ToR A.1.5)

106. Les fondations d'intérêt privé ne sont pas prévues par la législation sénégalaise. Les fondations sénégalaises, régies par la loi n°95-11 du 7 avril 1995, résultent de l'affectation irrévocable de biens à une œuvre d'intérêt général dans un but non lucratif (art. 1, 42). Les bénéfices et excédents de ressources générées par les activités de la fondation doivent être exclusivement affectés à son objet social (art. 2). Elles sont reconnues d'utilité publique par décret du Ministre des finances pris après avis du Conseil d'État et soumises à une tutelle administrative (le décret de création peut désigner si un ou plusieurs représentants de l'État siégeront au conseil de fondation avec voix délibérative ; la comptabilité est soumise au Ministère des Finances) et à une tutelle technique du ministère dont elles relèvent de par leur objet (art. 3 et 11). Ces entités ne sont donc pas pertinentes au sens des Termes de référence.

Autres entités pertinentes

Sociétés civiles

107. Les sociétés civiles sont définies en creux : ce sont des personnes morales qui ne sont pas commerciales par leur forme (contrairement aux sociétés de capitaux et de personnes). Les sociétés civiles par leur forme mais commerciales par leur objet sont soumises au droit OHADA et aux obligations d'immatriculation au RCCM des sociétés commerciales. Pour le reste, les sociétés civiles sénégalaises sont régies par le Code des obligations civiles et commerciales (Livre 6, Chapitre 1). La société civile est définie comme le contrat par lequel deux ou plusieurs personnes (les associés) mettent en commun des apports et constituent une personne morale pour les exploiter et se partager les profits ou les pertes qui résulteront de cette activité (en fonction de leurs parts sociales). Elle se caractérise par la non-exigence d'un écrit comme condition de sa validité. Les cessions de parts se font avec l'approbation des associés à la majorité et se prouvent librement, il n'y a donc pas besoin d'un écrit là non plus.

108. Sont distinguées les sociétés civiles professionnelles (Chapitre 1 bis) et les sociétés civiles immobilières. Les premières sont instituées entre des personnes physiques exerçant une même profession libérale (par ex. médecins,

8. Groupe Intergouvernemental d'Action contre le Blanchiment d'Argent en Afrique de l'Ouest (GIABA) ; Sénégal, Rapport d'Évaluation Mutuelle sur la Lutte Contre le Blanchiment d'Argent et le Financement du Terrorisme, 7 mai 2008.

avocats) ou exploitant un office public ou ministériel (par ex. notaires). Une personne physique ne peut appartenir qu'à une seule société civile professionnelle et dans ce cas ne peut exercer sa profession à titre individuel.

109. D'un point de vue fiscal, les sociétés civiles sont soumises soit au régime d'imposition sur les bénéfices des sociétés de capitaux soit au régime d'imposition sur le revenu des associés des sociétés de personnes. Dans le premier cas, une déclaration doit être déposée au service des Impôts dans le délai d'un mois à compter de leur constitution définitive, comprenant des informations sur le nombre et la forme des titres, ainsi que l'identité des dirigeants et associés. Toute modification doit être communiquée dans le délai d'un mois (CGI, art. 95). Dans le second cas, les gérants doivent fournir tous les ans les renseignements suivants : prénoms, nom, domiciles et NINEA des associés, le nombre de parts de la société civile possédées par chaque associé ainsi que la part du revenu net ou du déficit revenant à chacun (CGI, art. 71 et 72). Dans les deux cas l'Administration fiscale reçoit tous les ans la liste des associés.

Groupements d'intérêt économique

110. L'article 869 de l'AUDSCGIE définit le groupement d'intérêt économique (GIE) comme celui qui a pour but exclusif de mettre en œuvre pour une durée déterminée, tous les moyens propres à faciliter ou à développer l'activité économique de ses membres, à améliorer ou à accroître les résultats de cette activité; activité qui doit se rattacher à l'activité économique de ses membres et ne peut avoir qu'un caractère auxiliaire par rapport à celle-ci. Il existe 532 GIE au Sénégal.

111. Un GIE peut être constitué par contrat par deux ou plusieurs personnes physiques ou morales, y compris les personnes exerçant une profession libérale. Il a la personnalité morale mais peut être constitué sans capital et ne donne pas lieu, par lui-même, à réalisation et à partage de bénéfices. Les droits des membres ne peuvent être représentés par des titres négociables et les membres sont tenus des dettes du GIE sur leur patrimoine propre (art. 870 et 873).

112. Les renseignements sur l'identité des membres des GIE sont disponibles au RCCM. Le GIE doit être immatriculé au RCCM dans les mêmes conditions que toutes les sociétés, en joignant une copie du contrat qui le crée. Le contrat doit comprendre la dénomination du groupement et son adresse; les nom, raison sociale ou dénomination sociale, forme juridique, adresse du domicile ou du siège social et, s'il y a lieu, le numéro d'immatriculation au RCCM de chacun des membres du GIE (art. 876). L'identité des membres des GIE est ainsi disponible au RCCM. Par ailleurs, toutes les modifications du contrat (dont ses signataires) sont établies et publiées dans les mêmes conditions. Elles ne sont opposables aux tiers qu'à compter de cette publicité.

113. Le traitement fiscal de GIE est similaire à celui des sociétés de personnes : l'entité est fiscalement transparente à moins qu'elle n'opte pour le régime de l'impôt sur les bénéfices.

Waqfs

114. Le *waqf* s'apparente au trust ou à la fondation, au sens du droit musulman, et n'était pas connu au Sénégal jusqu'à l'adoption d'une loi en 2015. La loi portant sur les waqfs a été adoptée en avril 2015 en vue de promouvoir et faciliter la réalisation de waqfs de bienfaisance qui peuvent avoir un impact direct sur le développement économique et le bien-être des populations. Elle définit le waqf comme tout bien dont la nue-propriété est immobilisée à perpétuité ou à temps et dont la jouissance est affectée à une œuvre de charité et de bienfaisance publique ou privée (art. 1).

115. La loi sénégalaise distingue cinq types de waqfs : les waqfs publics créés par décret et gérés par une entité publique, les waqfs d'intérêt public gérés par une personne privée mais reconnus d'utilité public, les waqfs privés ou de famille, et enfin les waqfs mixtes (privé/public et privé/d'intérêt public).

116. La constitution d'un bien en waqf doit se faire par acte notarié ou par acte sous seing privé déposé auprès d'un notaire, qui transmet une copie à la Haute Autorité du Waqf (art. 8 et 9). Le constituant, identifié dans l'acte, ne peut être bénéficiaire du waqf, sous peine de nullité du waqf (art. 13).

117. Les waqfs publics (et la partie publique des waqfs mixtes) sont gérés directement par la Haute Autorité des Waqfs, qui reçoit également les états financiers des waqfs reconnus d'intérêt public. Ils ne sont pas considérés comme entité pertinente au sens des Termes de référence.

118. Les bénéficiaires d'un waqf privé doivent également être identifiés (par son nom ou sa qualité) dans l'acte constitutif. À défaut, le waqf est constitué en waqf public de plein droit (art. 15). Lorsque le droit du bénéficiaire s'éteint, par exemple quand le bénéficiaire décède ou renonce à son droit, le droit revient au dévolutaires éventuellement nommés dans l'acte constitutif, ou à défaut revient au constituant ou à ses héritiers. Les waqfs privés ou de famille (et la partie non publique des waqfs mixtes) sont contrôlés et supervisés par la Haute Autorité des Waqfs, qui veille à la protection et à la préservation du patrimoine des waqfs. Les bénéficiaires sont donc clairement identifiés. La loi ne prévoit pas qu'un gérant doive être nommé pour gérer les biens mis en waqf – ils peuvent être directement gérés par les bénéficiaires ou par un gérant tiers nommé par le constituant. En ce sens, le waqf privé peut se rapprocher d'un démembrement du droit de propriété plus que d'une entité, mais la pratique devra être observée en Phase 2 du processus de suivi pour voir comment le concept évolue.

119. Les waqfs existants préalablement à l'entrée en vigueur de la loi disposent d'un an pour se conformer à la loi. Les arrêtés et décrets d'application prévus par la loi n'ont pas encore été publiés, et aucune sanction n'est prévue. Il est donc recommandé aux autorités sénégalaises de s'assurer que la Loi de 2015 portant sur les waqfs est bien mise en œuvre en pratique.

Autres entités

120. Le Sénégal connait également les Organisations Non Gouvernementales (ONG), qui sont des associations ou organismes privés à but non lucratif et ayant pour objet d'apporter leur appui au développement du Sénégal, et agréées en cette qualité par le gouvernement. Les dispositions en vigueur prévoient, notamment l'identification des fondateurs et des membres de l'ONG. Le Décret n°2015-145 du 4 février 2015 fixant les modalités d'intervention des ONG institue un cadre juridique renforcé de suivi de leurs activités et de contrôle de l'origine de leurs financements. Il prévoit des contrôles sur l'origine ou la destination des fonds de ces structures et des sanctions en cas d'irrégularités[9].

Mécanismes d'application efficaces pour assurer la disponibilité des renseignements (ToR A.1.6)

121. Les juridictions doivent disposer des mesures propres à s'assurer de l'application effective des dispositions relatives à l'identification des propriétaires des entités pertinentes. Cette section du rapport évalue si des sanctions sont applicables en cas de non-respect des dispositions juridiques relatives à l'identification des propriétaires des entités pertinentes soit auprès des autorités publiques soit au sein des entités concernées sont appliquées.

Sanctions pour défaut d'immatriculation ou d'identification des propriétaires

122. Le défaut d'immatriculation d'une société au RCCM est sanctionné par son absence de personnalité juridique (art. 60 AUDCG) et l'inopposabilité de l'existence de la société aux tiers (art. 101 AUDSCGIE). La société sera considérée comme une société de fait (art. 114 et 115 de l'AUDSCGIE).

123. De plus, les articles 68 et 69 de l'AUDCG prévoient que toute personne tenue d'accomplir une des formalités prescrites et qui s'en est abstenue (par exemple une notification de changement d'associé), ou encore qui a

9. GIABA, Rapport d'évaluation mutuelle sur la lutte contre le blanchiment d'argent et le financement du terrorisme, mai 2008, et septième rapport de suivi, mai 2015.

effectué une formalité par fraude, est punie des peines prévues par une loi pénale nationale générale ou spéciale. S'il y a lieu, la juridiction qui prononce la condamnation ordonne la rectification des mentions et transcriptions inexactes. Or le doit sénégalais ne prévoit pas de sanction particulière en cas d'infraction aux obligations de l'AUDCG.

124. Par ailleurs, si l'AUDSCGIE prévoit l'obligation de tenir un registre des actions nominatives dans les sociétés de capitaux, il n'a pas inclus le défaut de tenue de ce registre parmi les comportements passibles de sanction pénale énumérés dans les articles 886 et suivants[10]. Cependant, toute infraction relative à la tenue de documents prescrits par la loi peut entraîner la responsabilité civile des responsables envers les actionnaires lésés. Encore faut-il qu'un actionnaire ou associé s'estime lésé.

125. De plus, les obligations fiscales, dont la tenue d'un registre des actionnaires de l'article 636 et la déclaration des changements d'actionnaires de l'article 98, sont quant à elles sanctionnées par une peine d'amende. Selon l'article 667 du CGI, tout manquement aux obligations prévues par le CGI donne lieu à une amende égale à 200 000 francs (EUR 305), lorsqu'il n'est pas visé par une amende spécifique. Lorsque le manquement porte sur des documents ou des renseignements à fournir, l'amende est due autant de fois qu'il y a de documents ou renseignements demandés et non produits, incomplets ou inexacts. Toutefois, le montant de l'amende constaté dans un procès-verbal ne peut dépasser 1 000 000 de francs (EUR 1 525). Si ces sommes peuvent être considérées comme importantes pour une petite entreprise, elles semblent non dissuasives pour une entreprise qui aurait des activités internationales, et cette question sera revue en Phase 2 du processus d'évaluation.

126. Toute infraction à l'obligation fiscale d'identification des personnes liées à un trust est punissable d'une amende de 200 000 francs CFA (EUR 305 ; art. 667 CGI).

Titres au porteur

127. L'AUDSCGIE ne prévoit pas de sanction spécifique contre les sociétés ou les titulaires d'actions au porteur qui ne seraient pas régularisées à l'expiration de la période transitoire en mai 2016. Dès lors, il pourrait y avoir au terme de la période transitoire de deux ans des actions au porteur en circulation sans que l'on ne puisse en connaître ni le nombre ni les propriétaires. S'il paraît logique que les titres non convertis ou dématérialisés perdent leur valeur, cela n'est pas organisé dans l'AUSGIE ni en droit sénégalais.

10. Pour le reste, cf. loi n°98-22 du 26 mars 1998 portant sur les sanctions pénales applicables aux infractions contenues dans l'AUDSCGIE.

128. L'ampleur de cette faiblesse en pratique n'est pas connue, puisque le nombre de sociétés ayant émis des titres au porteur, ni le nombre et la valeur de ces titres ne sont connues.

Législation anti-blanchiment

129. Les personnes assujetties qui contreviennent aux dispositions relatives à l'identification de la clientèle et de conservation des documents sont punies d'une amende de 50 000 à 750 000 francs CFA (76 à 1 143 EUR) (Loi n° 2004-09, art. 40). Ces sanctions sont notamment applicables aux éventuels membres des professions juridiques agissant en tant que trustees au Sénégal et aux institutions financières qui auraient un trustee pour client.

130. L'efficacité des mécanismes d'application en place au Sénégal sera évaluée lors de la Phase 2 du processus d'évaluation.

Conclusion et facteurs sous-tendant les recommandations

Conclusion de Phase 1	
L'élément est en place mais certains aspects de la mise en œuvre juridique de l'élément doivent être améliorés.	
Facteurs sous-tendant les recommandations	**Recommandations**
Le nouvel acte uniforme OHADA relatif aux sociétés commerciales et au groupement d'intérêt économique prévoit la dématérialisation des titres sociaux, dont les titres au porteur, et laisse une période de deux ans aux sociétés pour s'y conformer. Toutefois, il ne précise pas clairement le sort des actions au porteur qui ne seraient pas dématérialisées ou converties au terme de la période transitoire et il n'existe aucune autre disposition dans le droit sénégalais clarifiant les modalités de dématérialisation.	Les autorités sénégalaises devraient prendre des mesures visant à assurer la dématérialisation de tous les titres au porteur à l'expiration de la période transitoire de deux ans accordée aux sociétés à cet effet.
Le Sénégal a récemment légiférer sur les waqfs. Si la loi semble bien circonscrire ces entités et permettre l'identification de toutes les parties prenantes, la période transitoire n'est pas échue et tous les arrêtés d'application de la loi n'ont pas été publiés.	Les autorités sénégalaises devraient s'assurer que la Loi de 2015 portant sur les waqfs est bien mise en œuvre en pratique.

A.2. Données comptables

> Les pays doivent s'assurer que des registres comptables fiables soient tenus pour l'ensemble des entités et arrangements pertinents.

131. Les Termes de référence préconisent que des registres comptables fiables soient tenus pour l'ensemble des entités et arrangements pertinents. Pour être fiables, ces registres comptables doivent : *(i)* retracer fidèlement l'ensemble des transactions; *(ii)* permettre de déterminer à tout moment la situation financière de l'entité ou de l'arrangement avec une précision raisonnable; et *(iii)* permettre la préparation des états financiers. Les registres comptables doivent en outre inclure la documentation sous-jacente, comme les factures, contrats, etc. et doivent être conservés pendant une durée minimale de cinq ans.

132. Le droit comptable OHADA, le droit des sociétés (AUDSCGIE) et le droit fiscal font obligation aux sociétés sénégalaises de tenir des documents comptables. Ces exigences de transparence sont conformes aux normes internationales, tant au niveau du formalisme que doit revêtir la comptabilité, que des documents devant être conservés et de la durée de leur conservation.

Exigences générales (ToR A.2.1)

Droit commercial et comptable

133. L'Acte uniforme OHADA sur le droit commercial général (AUDCG) prévoit en ses articles 13 et 15 une obligation comptable générale pour tout « commerçant », y inclus toutes les sociétés de capitaux (SA, SAS, SARL), les sociétés commerciales de personnes (SNC, SCS, sociétés en participation, sociétés de fait) et les GIE, de tenir tous les livres de commerce conformément aux dispositions de l'Acte Uniforme portant organisation et harmonisation des comptabilités des entreprises (AUHCE). De plus, sont également astreintes à la mise en place d'une comptabilité les entreprises publiques, parapubliques et d'économie mixte; les coopératives et plus généralement les entités produisant des biens et services marchands ou non marchands, dans la mesure où elles exercent, dans un but lucratif ou non, des activités économiques à titre principal ou accessoire qui se fondent sur des actes répétitifs, y compris les sociétés civiles (AUHCE, art. 2). Selon les autorités sénégalaises, les sociétés et les professionnels personnes physiques agissant au Sénégal à titre de *trustees* de trusts étrangers sont soumis, à titre de commerçants, aux obligations de la législation comptable OHADA.

134. L'AUHCE prévoit que toute entreprise doit mettre en place une comptabilité destinée à l'information externe comme à son propre usage (art. 1er).

À cet effet, les registres comptables doivent correctement exposer toutes les transactions. L'entreprise :

- saisit, classe et enregistre dans sa comptabilité toutes opérations entrainant des mouvements de valeur qui sont traitées avec des tiers ou qui sont constatées ou effectuées dans le cadre de sa gestion interne;
- fournit après traitement approprié de ces opérations, les redditions de comptes auxquelles elle est assujettie légalement ou de par ses statuts, ainsi que les informations nécessaires aux besoins de divers utilisateurs.

135. Les **livres comptables** et autres supports dont la tenue est obligatoire sont :

- le livre-journal, dans lequel sont inscrits les mouvements de l'exercice enregistrés en comptabilité;
- le grand-livre, constitué par l'ensemble des comptes de l'entreprise, où sont reportés ou inscrits simultanément au journal, compte par compte, les différents mouvements de l'exercice;
- la balance générale des comptes, état récapitulatif faisant apparaître, à la clôture de l'exercice, pour chaque compte, le solde débiteur ou le solde créditeur, à l'ouverture de l'exercice, le cumul depuis l'ouverture de l'exercice des mouvements débiteurs et le cumul des mouvements créditeurs, le solde débiteur ou le solde créditeur, à la date considérée;
- le livre d'inventaire, sur lequel sont transcrits le bilan et le compte de résultat de chaque exercice, ainsi que le résumé de l'opération d'inventaire.

136. L'AUHCE prévoit une organisation comptable autour d'un enregistrement exhaustif, au jour le jour, et sans retard des informations de base, le traitement en temps opportun des données enregistrées, la mise à la disposition des utilisateurs des documents requis dans les délais légaux fixés pour leur délivrance (art. 15). L'article 3 dispose par ailleurs que la comptabilité doit être conforme aux obligations de régularité, de sincérité et de transparence (dont l'usage de la langue et de la monnaie nationales).

137. L'organisation comptable doit respecter l'emploi de la technique de la partie double (qui se traduit par une écriture affectant au moins deux comptes, l'un étant débité et l'autre crédité; lorsqu'une opération est enregistrée, le total des sommes inscrites au débit de comptes doit être égal au total des sommes inscrites au crédit d'autres comptes) et l'enregistrement chronologique des opérations.

138. L'article 68 AUHCE précise que la comptabilité irrégulièrement tenue ne peut être invoquée comme preuve en justice par l'entreprise. Les sanctions pécuniaires relatives à la non-tenue de comptabilité ou à une comptabilité non fiable sont prévues au CGI (voir *Droit fiscal* ci-dessous).

139. Concernant les **états financiers**, ceux-ci doivent regrouper les informations comptables au moins une fois par an et suivre des modèles (art. 8). Ils comprennent le bilan (qui décrit séparément les éléments d'actif et les éléments de passif constituant le patrimoine de l'entreprise, et fait apparaître de façon distincte les capitaux propres), le compte de résultat (qui récapitule les produits et les charges qui font apparaître, par différence, le bénéfice net ou la perte nette de l'exercice), le tableau financier des ressources et des emplois (qui retrace les flux d'investissement et de financement), ainsi qu'un état annexé (qui complète et précise l'information donnée par les autres documents) (art. 29).

140. Ces documents sont obligatoires, en tout ou en partie, en fonction du chiffre d'affaires des entreprises (art. 7 et 8) : le système normal s'applique aux entreprises réalisant un chiffre d'affaires supérieur à 100 millions de F CFA (152 449 EUR), un système allégé pour les entreprises réalisant un chiffre d'affaires inférieur à 100 millions de F CFA (152 449 EUR) dans lequel les modèles d'états financiers sont simplifiés; et un système minimal de trésorerie (recettes/dépenses) pour les très petites entreprises ayant un chiffre d'affaires inférieur à 30 millions (45 734 EUR) pour le négoce, 20 millions (30 489 EUR) pour les artisans ou 10 millions (15 244 EUR) pour les services (art. 13, et 26 à 28). Le système minimal s'applique donc à de petites entreprises, moins susceptibles de faire l'objet de demandes de renseignements.

141. Les états financiers forment un tout indissociable et doivent décrire de façon régulière et sincère les événements, opérations et situations de l'exercice pour donner une image fidèle du patrimoine, de la situation financière et du résultat de l'entreprise (art. 8). Enfin, la régularité et la sincérité des informations regroupées dans les états financiers doivent résulter d'une description adéquate, loyale, claire, précise et complète des événements, opérations et situations se rapportant à l'exercice (art. 9). Toute entreprise qui applique correctement le Système comptable OHADA (ou SYSCOA) est réputée donner, dans ses états financiers, l'image fidèle de sa situation et de ses opérations (art. 10).

142. Les entreprises doivent par ailleurs déterminer des procédures internes ou externes de contrôle des comptes (art. 69). Ainsi, un **commissaire aux comptes** doit être désigné pour le contrôle de la gestion des SA et SAS, et de certaines SARL (cf. §50). Le commissaire doit certifier que les états financiers sont réguliers et sincères et donnent une image fidèle du patrimoine. Cette obligation est assortie d'une obligation de publicité des états financiers,

et de dépôt auprès de l'Administration fiscale pour les entités soumises à l'impôt sur les bénéfices des sociétés et autres personnes morales (CGI, art. 31).

143. L'article 111 AUHCE prévoit des sanctions pénales à l'encontre des dirigeants sociaux qui n'auront pas, pour chaque exercice social, dressé et établi des états financiers annuels, ainsi que, le cas échéant, le rapport de gestion et le bilan social ; ou auront sciemment établi et communiqué des états financiers ne délivrant pas une image fidèle du patrimoine, de la situation financière et du résultat de l'exercice. Les autorités sénégalaises indiquent qu'une infraction fiscale existe (voir *Droit fiscal* ci-dessous).

144. L'article 890 AUDSCGIE rend également passible de sanctions pénales les dirigeants sociaux qui ont sciemment publié ou présenté aux actionnaires ou associés, en vue de dissimuler la véritable situation de la société, des états financiers de synthèse ne donnant pas, pour chaque exercice, une image fidèle des opérations de l'exercice, de la situation financière et de celle du patrimoine de la société, à l'expiration de cette période. La Loi n°98-22 prévoit ainsi que l'infraction prévue à l'article 890 AUDSCGIE est punie cumulativement d'un emprisonnement d'un à cinq ans de prison et d'une amende de 100 000 à 5 millions de francs CFA (EUR 152 à 7 622).

Droit fiscal

145. Le CGI renforce et complète le droit OHADA. Il prévoit une obligation de tenue de comptabilité régulière : les contribuables sont tenus de se conformer aux dispositions régissant leurs obligations civiles et commerciales, en vigueur au Sénégal, dont l'AUHCE (art. 635). Le code prévoit également des obligations documentaires spécifiques relatives aux prix de transfert (art. 638).

146. Lorsqu'un contribuable n'a pas tenu de comptabilité ou tient une comptabilité irrégulière, l'Administration fiscale peut procéder à une taxation d'office (CGI, art. 617). De plus, le défaut de tenue d'une comptabilité répondant aux normes en vigueur au Sénégal ou l'absence de document comptable est punissable d'une amende de cinq millions de francs (EUR 7 622; art. 668). Les peines sont alourdies si une fraude est constatée : L'amende prévue en cas de fraude fiscale de 5 à 25 millions de francs (EUR 7 622 à 38 112) et d'un emprisonnement de 2 à 5 ans est également applicable à la fraude comptable, envers « quiconque tient une comptabilité irrégulière soit en tenant des livres et registres non cotés et non paraphés dans les conditions réglementaires, soit en omettant sciemment de passer ou de faire passer tout ou partie des écritures requises, soit en ne faisant pas passer ou en passant sciemment des écritures inexactes ou fictives, soit en ne tenant pas ou en détruisant avant les délais légaux, les documents dont la tenue est obligatoire, soit par tout autre procédé, notamment en minorant de façon notable, les

sommes à déclarer » (art. 682). Ainsi l'absence de sanction des infractions au droit OHADA est-elle compensée par l'existence de sanctions fiscales.

147. Le CGI prévoit que les contribuables sont tenus de déposer auprès de l'Administration fiscale, avec leur déclaration fiscale, divers documents comptables, en fonction de leur régime d'imposition (art. 31), et d'indiquer les coordonnées des experts-comptables agréés chargés de tenir leur comptabilité lorsqu'ils ne sont pas membres du personnel (art. 32). En outre, les contribuables sont tenus de représenter à toute réquisition d'un agent des impôts tous documents comptables, inventaires, copies de lettres, pièces de recettes et de dépenses de nature à justifier l'exactitude des résultats indiqués dans la déclaration. À défaut, une amende de 200 000 F CFA peut s'appliquer, autant de fois qu'il y a de documents ou renseignements non produits, incomplets ou inexacts, avec un maximum de un million (305 à 1 525 EUR) (art. 667 CGI, voir aussi A.1.6).

Documentation sous-jacente (ToR A.2.2)

148. L'article 17 AUHCE dispose que l'organisation comptable doit respecter les conditions de régularité permettant la justification des écritures par des pièces datées, conservées, classées dans un ordre défini dans le document décrivant les procédures et l'organisation comptables, susceptibles de servir comme moyen de preuve et portant les références de leur enregistrement en comptabilité. Les pièces justificatives peuvent être constituées de factures d'achats ou de ventes, de contrats et autres documents.

149. L'article 637 CGI prévoit également une obligation de tenue et conservation des documents : les livres, registres, déclarations, reçus, quittances, contrats, documents ou pièces justificatives d'origine sur lesquels peuvent s'exercer les droits de communication, d'enquête ou de contrôle de l'Administration doivent être conservés pendant un délai 10 ans. L'amende de l'article 667 est applicable en cas d'infraction à l'article 637 et l'amende de l'article 668 est applicable en cas d'absence de document comptable qui se rapportent aux écritures enregistrées (cf. ci-dessus).

Conservation des documents (ToR A.2.3)

150. La conservation des renseignements comptables pendant une durée d'au moins cinq ans est assurée au Sénégal. L'article 24 AUHCE dispose que les livres comptables ou les documents qui en tiennent lieu, ainsi que les pièces justificatives, sont conservés pendant 10 ans. De même, l'article 637 du CGI mentionné ci-dessus dispose que le délai de conservation de 10 ans s'applique à compter de la date de la dernière opération mentionnée sur les livres ou registres ou de la date à laquelle les documents ou pièces ont été établis. Ces obligations ne contiennent aucune exception pour les sociétés

dissoutes ou liquidées mais la question de l'application en pratique de cette obligation fera l'objet d'un suivi en Phase 2 puisque la question de savoir sur qui pèse l'obligation n'est pas claire dans la loi.

151. En ce qui concerne le lieu de conservation des documents, les droits OHADA ne prévoit pas de disposition spécifique, mais le CGI indique que les factures émises par les assujettis à l'impôt ou, en leur nom et pour leur compte, par leur client ou par un tiers, ainsi que toutes les factures qu'ils ont reçues, doivent être stockées sur le territoire sénégalais de manière à en garantir la présentation à la première demande (art. 640). Pour le reste, il n'est pas prévu de disposition spécifique au cas où les documents ne seraient pas immédiatement disponibles, par exemple parce qu'ils seraient conservés à l'étranger. Cependant, les livres, registres, contrats ou pièces justificatives doivent être présentés à toute demande de l'Administration fiscale, sous peine de sanctions (art. 641 et A.2.1 *Droit fiscal* ci-dessus). Ces dispositions laissent à penser que les documents comptables doivent être conservés au siège de l'entité. Les autorités sénégalaises confirment que les dispositions sur le contrôle en général et inopiné en particulier requièrent de fait la conservation des documents comptables au siège de l'entité.

Conclusion et facteurs sous-tendant les recommandations

Conclusion de Phase 1
L'élément est en place.

A.3. Renseignements bancaires

> Les renseignements bancaires doivent être disponibles pour tous les titulaires de comptes.

152. L'accès aux informations bancaires est important pour l'Administration fiscale lorsque les banques disposent d'informations utiles et fiables sur l'identité de leurs clients et la nature et le montant de leurs transactions financières. Les banques sénégalaises sont soumises à la réglementation nationale ainsi qu'à la réglementation de la Banque Centrale des États de l'Afrique de l'Ouest (BCEAO) dont le siège est à Dakar et qui joue le rôle de banque centrale pour le Sénégal et les sept autres pays membres de l'Union monétaire ouest africaine (UMOA).

153. L'activité bancaire est régie au Sénégal par la loi n°2008-26 du 28 juillet 2008 portant règlement bancaire. Elle s'applique aux établissements de crédit exerçant leur activité sur le territoire du Sénégal, quels que soient leur statut juridique, le lieu de leur siège social ou de leur principal établissement dans l'UMOA (art. 1). Sont considérées comme établissements de

crédit, les personnes morales qui effectuent, à titre de profession habituelle, des opérations de banque, à savoir la réception de fonds du public (fonds qu'une personne recueille d'un tiers, notamment sous forme de dépôts, avec le droit d'en disposer pour son propre compte, mais à charge pour elle de les restituer); les opérations de crédit ainsi que la mise à disposition de la clientèle; la gestion de moyens de paiement (art. 2 et 5).

Exigences en matière de conservation des données (ToR A.3.1)

154. Les banques sont astreintes à la tenue des documents comptables au même titre que toutes les sociétés commerciales. L'ensemble des obligations comptables examinées à la section A.2 du présent rapport leur est applicable.

Règlementation bancaire

155. La loi n°2008-26 du 28 juillet 2008 portant règlement bancaire prévoit que les établissements de crédit doivent tenir à leur siège social, principal établissement ou agence principale, une comptabilité particulière des opérations qu'ils traitent sur le territoire du Sénégal. Leurs comptes doivent être arrêtés au 31 décembre de chaque année et présentés à la Banque centrale et à la commission bancaire au plus tard le 30 juin de l'année suivante. Ces comptes doivent être certifiés réguliers et sincères par un ou plusieurs commissaires aux comptes. Le choix du commissaire aux comptes est soumis à l'approbation de la Commission bancaire (article 51). Les établissements de crédit ne peuvent s'opposer aux contrôles effectués par la Commission bancaire et la Banque centrale. Ce contrôle concerne le respect de toutes les prescriptions légales. La Commission bancaire a le pouvoir d'infliger des sanctions aux banques et à leurs dirigeants, en cas de défaillance. Ces sanctions sont constituées par des peines d'emprisonnement, des amendes, des intérêts moratoires et d'autres mesures administratives pouvant aller jusqu'au retrait d'agrément.

Règlementation anti-blanchiment

156. La loi contre le blanchiment des capitaux (Loi n°2004-09 du 6 février 2004) contient des obligations d'identification des clients et de conservation des documents. Les organismes financiers doivent s'assurer de l'identité et de l'adresse de leurs clients avant de leur ouvrir un compte, prendre en garde, notamment des titres, valeurs ou bons, attribuer un coffre ou établir avec eux toutes autres relations d'affaires (art. 7). Les clients occasionnels doivent également être identifiés pour toute opération portant sur une somme en espèces égale ou supérieure à 5 millions de francs (EUR 7 622; art. 8). La vérification de l'identité d'une personne physique est opérée par la présentation de tout document officiel original comportant une photographie (carte nationale

d'identité, passeport, etc.). La vérification de son adresse professionnelle et domiciliaire est effectuée par la présentation de tout document de nature à en rapporter la preuve (facture, etc.). L'identification d'une personne morale ou d'une succursale est effectuée par la production de tout acte ou extrait du RCCM attestant notamment de sa forme juridique et de son siège social. Les pouvoirs des personnes agissant en son nom doivent également être présentés et l'identité de ces personnes physiques vérifiée. Au cas où le client n'agirait pas pour son propre compte, l'organisme financier se renseigne par tous moyens sur l'identité de la personne pour le compte de qui il agit (art. 9).

157. Les organismes financiers doivent conserver les pièces justificatives ou leurs copies pendant 10 ans, à compter de la clôture des comptes du client (ou de la cessation de la relation). Ils doivent également conserver les pièces et documents relatifs aux opérations qu'ils ont effectuées pendant dix ans à compter de la fin de l'exercice au cours duquel les opérations ont été réalisées. Ces pièces et documents doivent permettre la reconstitution de l'ensemble des transactions réalisées par une personne physique ou morale et qui sont liées à une opération ayant fait l'objet d'une déclaration de soupçon (art. 11 et 12). Des obligations similaires sont prévues par la loi relative à la lutte contre le financement du terrorisme (loi n°2009-16 du 2 mars 2009). La non observation des obligations d'identification et de conservation des documents est punissable d'une amende de 50.000 à 750.000 FCFA (EUR 76 à 1 143 ; art. 40).

Conclusion et éléments sous-tendant les recommandations

Conclusion
L'élément est en place.

B. Accès aux renseignements

Vue d'ensemble

158. Une variété de renseignements peut être nécessaire pour une enquête fiscale et les juridictions doivent avoir l'autorité et les moyens d'obtenir ces informations, notamment les renseignements détenus par les banques et les autres institutions financières ainsi que les informations concernant la propriété des sociétés et l'identité des détenteurs d'intérêts dans d'autres personnes ou entités, tels que les sociétés de personnes et trusts, ainsi que les données comptables relatives à ces entités. Ce chapitre examine si le cadre légal et réglementaire du Sénégal accorde aux autorités des pouvoirs d'accès couvrant les catégories adéquates de personnes et de renseignements, et si les droits et sauvegardes des contribuables sont compatibles avec un échange effectif de renseignements.

159. Les autorités fiscales sénégalaises détiennent un certain nombre de renseignements sur l'identité, la propriété et la comptabilité des contribuables. Elles peuvent utiliser les pouvoirs dont elles disposent en matière fiscale interne pour collecter les renseignements qu'elle ne détient pas déjà pour répondre à une demande d'une autorité compétente étrangère. L'Administration fiscale détient de larges pouvoirs d'accès à l'information comptable, bancaire et sur la propriété des entités, en application du Code général des impôts. Ces demandes peuvent être adressées aussi bien à la personne concernées qu'aux tiers.

160. Des mesures coercitives sont disponibles en cas de refus de communication des renseignements demandés. Par ailleurs, les droits et protections qui s'appliquent aux personnes au Sénégal sont compatibles avec un échange effectif de renseignements. La législation de ce pays ne met aucune obligation à la charge de l'Administration fiscale de notifier aux contribuables concernés les demandes de renseignements reçues des administrations étrangères.

B.1. Possibilité pour l'autorité compétente d'obtenir et fournir des renseignements

> Les autorités compétentes doivent, au titre d'un accord d'échange de renseignements, avoir le pouvoir d'obtenir et de communiquer les informations demandées à une personne placée sous leur compétence territoriale et qui détient ou contrôle ces informations (indépendamment de toute obligation juridique impartie à cette personne de respecter la confidentialité de ces informations).

161. En application des conventions fiscales signées par le Sénégal, l'autorité compétente pour l'échange de renseignements est le ministre en charge des finances ou son représentant dûment désigné.

162. Le pouvoir d'échanger des renseignements résulte des accords internationaux en vigueur au Sénégal, qui ont une autorité supérieure à celle des lois internes (Constitution, art. 91 ; cf. aussi l'Introduction et la section C.1). L'Administration des impôts utilise pour ce faire les pouvoirs qui lui sont conférés dans le Code général des impôts (CGI) d'obtenir et fournir les renseignements sur la propriété et l'identité ainsi que les renseignements comptables détenus aussi bien par les contribuables que par les tiers.

*Renseignements en matière de propriété et d'identité (ToR **B.1.1.**)*

163. Les autorités fiscales sénégalaises disposent déjà dans leurs fichiers de nombreuses informations sur les propriétaires des personnes morales sénégalaises (cf. A.1). Si toutefois elles souhaitent s'assurer de la véracité des renseignements détenus, ou avoir des informations plus récentes, le CGI donne à l'Administration fiscale différents pouvoirs d'obtenir tous renseignements en matière de propriété et d'identité nécessaires pour répondre aux demandes de renseignements, principalement le droit de communication.

164. Le droit de communication repose sur les articles 571 à 575 du CGI. C'est le moyen le plus large permettant à l'Administration fiscale d'obtenir des renseignements et des documents détenus par toute personne physique ou morale, y compris les administrations et les tiers.

165. Le droit de communication permet à l'Administration fiscale d'obtenir communication de tous titres, livres, registres, documents annexes, et de tout autre document pouvant servir au contrôle de l'impôt lorsque leur conservation est obligatoire, à savoir dans les 10 ans après établissement du document concerné.

166. Le droit de communication peut s'appliquer envers un contribuable sénégalais ou envers un tiers. L'article 571 donne une liste non exhaustive des personnes à qui des renseignements peuvent être demandés : les officiers publics et ministériels, les administrations publiques et assimilées, les

entreprises, établissements ou organismes soumis au contrôle de l'autorité administrative, les entreprises privées, les sociétés, quelle que soit leur forme, les banques et établissements assimilés, les assureurs, les représentants, courtiers, intermédiaires. Ainsi la disposition est suffisamment vaste pour couvrir toute personne agissant en qualité d'agent ou de fiduciaire, y compris les mandataires et trustees. L'article 575 vise également les registres de l'état civil et les notaires.

167. Concernant plus précisément les renseignements relatifs à l'identité des propriétaires d'entités, l'article 572 précise qu'à l'égard des sociétés, le droit de communication s'étend « aux registres de transfert d'actions, d'obligations, aux délibérations ainsi qu'aux feuilles de présence aux assemblées générales ».

168. L'information doit être fournie dans un délai de 30 jours à compter de la date de réception de la demande ou de la notification de l'Administration (CGI, art. 568(I)). Le droit de communication peut être utilisé, pour répondre à une demande de renseignements, alors que la personne concernée a déjà fait l'objet d'une procédure de contrôle fiscal pour la période concernée par la demande.

169. Le CGI prévoit aussi la procédure de demande de renseignements (art. 569). L'Administration peut demander au contribuable, verbalement ou par écrit, tous les renseignements, justifications ou éclaircissements qu'elle juge utiles. Le contribuable doit alors répondre dans un délai de 20 jours. Les autorités sénégalaises expliquent que la différence entre droit de communication et demande de renseignements est essentiellement d'ordre pratique : le premier visera plutôt les détenteurs d'informations en dehors de tout contrôle alors que le second visera plutôt le contribuable lors d'un contrôle, les deux pouvant être utilisés pour répondre à une demande d'échange de renseignements.

170. Si l'information nécessaire n'est pas obtenue dans le cadre de la demande de renseignements ou du droit de communication, l'Administration des impôts peut recourir à des moyens plus contraignants, tel que le « droit de visite » et imposer des sanctions (cf. B.1.4).

Données comptables (ToR B.1.2)

171. Comme pour les renseignements en matière d'identité et de propriété, le CGI donne à l'Administration fiscale différents pouvoirs d'obtenir tous renseignements pour répondre aux demandes de renseignements. Le droit de communication est aussi applicable aux données comptables, l'article 571 se référant explicitement aux « pièces de recettes, de dépenses et de comptabilité » (cf. B.1.1).

172. Le CGI contient par ailleurs des dispositions spécifiques, à commencer par la vérification de comptabilité (art. 582) : les agents des impôts peuvent vérifier sur place la comptabilité et les documents détenus par les contribuables, permettant d'asseoir et de contrôler les impôts, etc. Cette mesure étant plus contraignante, elle est aussi plus encadrée. Ainsi avant l'engagement de la vérification l'Administration doit émettre au moins cinq jours à l'avance un avis de vérification indiquant la nature de la vérification (art. 603) qui n'a pas à mentionner que la vérification fait suite à une demande de renseignements. Par ailleurs les opérations matérielles de vérification de comptabilité ne peuvent s'étendre sur une période de plus de 12 mois, à compter du jour de la première intervention sur place tel qu'indiqué dans l'avis de vérification, période réduite à 4 mois si le chiffre d'affaire est inférieur à un milliard de francs (art. 589; EUR 15.2 millions). S'il est prévu la possibilité de proroger ces délais en cas de demande de renseignements faite par les autorités sénégalaises à des autorités étrangères, la réciproque n'est pas prévue.

173. De plus, lorsque la vérification de la comptabilité pour une période déterminée est achevée, l'Administration ne peut plus procéder à une nouvelle vérification sur place portant sur la même période et sur les impôts, droits, taxes et redevances qui ont fait objet de la vérification achevée (art. 595). Ainsi, si une société a déjà fait l'objet d'une vérification de comptabilité à des fins locales, une autre vérification ne sera pas possible pour répondre à une demande de renseignements, et inversement, mais le droit de communication reste disponible à tout moment.

174. Dans le cadre d'une vérification de comptabilité, l'agent peut faire une demande de renseignements ou de justification de l'article 569, auquel cas le contribuable doit répondre dans un délai de 8 jours. Il peut aussi demander des informations et documents relatifs aux prix de transfert (art. 570).

175. Enfin, l'Administration peut procéder à un contrôle inopiné (art. 581) sur les éléments physiques de l'exploitation, l'existence ou l'état des documents comptables.

176. Le CGI rappelle également, parmi les obligations des contribuables, celle de présenter à toute demande d'un agent de l'Administration les livres, registres, déclarations, quittances, contrats, documents ou pièces justificatives dont la tenue et la conservation sont obligatoires (art. 641).

177. Ces dispositions sont à même d'assurer que l'autorité compétente, par le biais de l'Administration fiscale sénégalaise, a le pouvoir de se procurer et de communiquer des renseignements comptables pour l'ensemble des entités et arrangements pertinents.

Utilisation des instruments de collecte de renseignements avec absence de référence à l'intérêt fiscal national (ToR B.1.3)

178. Le concept « d'intérêt fiscal national » décrit les situations dans lesquelles une autorité compétente ne peut fournir des renseignements à une autre autorité compétente que si elle a un intérêt à collecter cette information pour ses propres besoins.

179. La législation sénégalaise ne contient aucune restriction limitant l'utilisation des pouvoirs internes de collecte de renseignements aux propres besoins de l'Administration fiscale sénégalaise. Si aucune disposition ne prévoit explicitement que les pouvoirs de l'Administration peuvent être utilisés à des fins d'échange de renseignements, le CGI prévoit que le secret fiscal ne s'applique pas aux échanges de renseignements (art. 604.II, cf. C.3). Il prévoit également la possibilité de contrôles simultanés ou conjoints avec des administrations fiscales étrangères, en application de conventions de non double imposition (art. 579). L'article 569 sur les demandes de renseignements se réfère à tous renseignements que l'Administration juge utiles, sans les rattacher nécessairement au contrôle d'un impôt national. L'article 571 sur le droit de communication se réfère explicitement au contrôle et à la détermination de l'assiette des impôts, droits, taxes et redevances, sans indiquer que cela se limite aux impôts sénégalais.

180. Finalement, au Sénégal, les traités ou accords régulièrement ratifiés ou approuvés ont, dès leur publication, une autorité supérieure à celle des lois (article 91 de la Constitution). Cela signifie que l'autorité compétente est tenue d'appliquer les dispositions des conventions fiscales l'obligeant à fournir les renseignements demandés par l'autre juridiction contractante. Pour le faire, elle utilise tous les moyens que la loi fiscale met à sa disposition.

Pouvoirs contraignants (ToR B.1.4)

181. Les juridictions doivent avoir pris des mesures coercitives efficaces pour contraindre la production des renseignements. Le droit sénégalais prévoit d'une part des sanctions en cas de refus de communiquer les renseignements demandés, mais aussi des mesures de contrainte.

Le droit de visite

182. Le CGI prévoit un droit de perquisition et de saisie, pour la recherche et la constatation des infractions à la législation fiscale. Cette disposition ne peut s'appliquer que si une infraction à la législation sénégalaise est suspectée – ce sera le cas seulement si la demande de renseignements induit une suspicion d'infraction à la législation sénégalaise. Le juge peut autoriser un droit de visite pour des cas concernant une demande de renseignements étrangère : le refus de

répondre à un droit de communication est considéré comme une infraction pour laquelle le droit de visite pourrait être déclenché. L'Administration fiscale peut procéder à des visites en tous lieux, même privés, où les pièces, documents, objets ou marchandises se rapportant à ces infractions ainsi que les biens et avoirs en provenant directement ou indirectement sont susceptibles d'être détenus. À l'occasion de la visite, l'Administration fiscale peut procéder à la saisie des pièces et documents, quel qu'en soit le support. Les agents de l'Administration fiscale sont accompagnés d'un officier de police judiciaire (CGI, art. 576(I)). Chaque visite doit être autorisée par une ordonnance du Président du Tribunal régional dans le ressort duquel sont situés les locaux à visiter (CGI. Art. 576(II)). Les autorités sénégalaises indiquent que le contrôle du juge est un contrôle de légalité et non d'opportunité.

Sanctions

183. Le CGI établit que tout manquement aux obligations prévues par le code donne lieu à une amende fiscale égale à 200 000 francs (EUR 305; art. 667). Les autorités sénégalaises précisent que lorsque le manquement porte sur des documents ou des renseignements à fournir, l'amende est due autant de fois qu'il y a de documents ou renseignements demandés et non produits, incomplets ou inexacts. Toutefois, le montant de l'amende constaté dans un procès-verbal ne peut dépasser un million de francs (EUR 1 525). En plus, toute opposition à contrôle fiscal donne lieu à une amende de cinq millions de francs (EUR 7 622; art. 668). Ces amendes sont constatées par procès-verbal (art. 666).

184. Le manque de coopération avec l'Administration fiscale peut également entraîner des poursuites judiciaires et des sanctions pénales. Selon l'article 686 du CGI, est passible d'une amende de CFA 500 000 à cinq millions de francs (EUR 762 à 7 622), quiconque a refusé d'obéir aux injonctions des agents des impôts chargés de l'application ou du contrôle des impôts. En cas d'infractions répétées, les tribunaux peuvent interdire aux personnes d'exercer leur commerce ou leur profession au Sénégal, pendant un à cinq ans, l'inobservation de cette interdiction entraînant l'application d'une amende d'un million à deux millions de francs (EUR 1 524 à 3 048) et d'un emprisonnement de un à deux ans.

Dispositions relatives au secret *(ToR B.1.5)*

185. Une juridiction ne doit pas rejeter une demande d'informations formulée en vertu d'un instrument d'échange de renseignements en invoquant les dispositions de sa législation relatives au secret (ex. secret bancaire, secret des affaires). La législation sénégalaise a plusieurs dispositions sur le secret et la confidentialité.

Secret bancaire

186. Le secret professionnel des banques est prévu à l'article 30 de la loi bancaire : « Les personnes qui concourent à la direction, à l'administration, à la gérance, au contrôle ou au fonctionnement des établissements de crédit, sont tenues au secret professionnel », sous réserve des dispositions de l'article 53 qui prévoit que le secret professionnel n'est pas opposable à la Commission bancaire, à la Banque Centrale, ou à l'autorité judiciaire agissant dans le cadre d'une procédure pénale. Cette disposition ne prévoit pas la communication des renseignements à l'administration fiscale.

187. De même, la loi de lutte contre le blanchiment des capitaux prévoit que les renseignements collectés par les banques concernant l'identité de leurs clients et leurs transactions sont communiqués, sur leur demande, par les personnes assujetties, aux autorités judiciaires, aux agents de l'État chargés de la détection et de la répression des infractions liées au blanchiment de capitaux, agissant dans le cadre d'un mandat judiciaire, aux autorités de contrôle, ainsi qu'à la CENTIF (art. 12). Cette disposition ne prévoit pas la communication des renseignements à l'Administration fiscale. En outre, l'article 40 érige en infraction pénale le fait de communiquer ces renseignements à d'autres personnes.

188. Le Code pénal prévoit en son article 363 que toute violation du secret professionnel est punissable d'un emprisonnement d'un à six mois et d'une amende de 50 000 à 300 000 francs CFA (EUR 76 à 457) « hors le cas où la loi les oblige ou les autorise à se porter dénonciateurs ». Ainsi, le CGI prévoit expressément que le droit de communication s'exerce non seulement auprès des assujettis, mais encore auprès des tiers, notamment « les banques et établissements assimilés, les assureurs, les représentants, courtiers, intermédiaires » (CGI, art. 571). Les autorités sénégalaises confirment que le secret bancaire n'est pas opposable à l'Administration fiscale, et que le droit de communication n'a jamais fait l'objet de restrictions en matière bancaire en pratique.

Autres secrets professionnel

189. Le CGI dispose qu'en aucun cas une entreprise privée, une administration de l'État ou des autres collectivités publiques, une entreprise concédée ou contrôlée par ces collectivités publiques, un établissement ou organisme quelconque soumis au contrôle de l'autorité administrative, ne peut opposer le secret professionnel aux agents de l'Administration des impôts qui, dans l'exercice de leurs missions, leur demandent communication de documents, livres, registres et informations qu'ils détiennent (art. 574).

190. Les avocats ne sont pas couverts par cette disposition. Au Sénégal, la profession d'avocat est régie par la loi n°84-09 du 4 janvier 1984, modifiée

en 2009, portant création de l'Ordre des Avocats. Cette loi ne contient pas de disposition définissant le secret professionnel de l'avocat. Au plus, un article indique incidemment que l'avocat est tenu aux règles de confidentialité, de moralité ou de compatibilité de sa profession. De même l'article 44 du Règlement n°5/CM/UEMOA de 2014 relatif à l'harmonisation des règles régissant la profession d'avocat dans l'espace UEMOA indique que « l'avocat, en toute matière, ne doit commettre aucune divulgation contrevenant au secret professionnel. Il doit notamment respecter le secret de l'instruction. » Le secret professionnel n'y est pas défini.

191. De plus, l'article 22 du Règlement intérieur du Barreau indique que les avocats sont rigoureusement tenus au secret professionnel. Cet article prévoit par ailleurs qu'ils sont également tenus au secret de l'instruction et que la correspondance entre avocats ne peut être produite en justice « lorsqu'elle est confidentielle », de même que les négociations entre avocats en vue de la recherche d'une conciliation. Ces dispositions indiquent que le secret n'est pas absolu.

192. Les autorités sénégalaises expliquent que les règles de procédure applicables au Sénégal dans le cadre d'une instance judiciaire ne permettent pas à l'Administration d'accéder aux communications entre l'avocat et son client; les informations détenues par l'avocat sur son client sont confidentielles. Les pièces que détient l'avocat et qui lui ont été remises par son client ne peuvent être communiquées par l'avocat qu'aux seules parties au procès.

193. Par contre les autorités sénégalaises expliquent que les avocats qui agissent pour le compte de leurs clients dans des opérations extra-judiciaires sont soumis au droit de communication de l'Administration fiscale : le secret professionnel de l'avocat n'est pas un obstacle à l'échange de renseignements lorsque l'avocat agit non en tant que défenseur mais en tant que dépositaire de contrats, mandataire dans des actes juridiques, en dehors de toute instance juridictionnelle ou de tout conseil.

Conclusion et éléments sous-tendant les recommandations

Conclusion
L'élément est en place

B.2. Exigence en matière de notification et droits et sauvegardes

Les droits et protections (droits de notification ou d'appel par exemple) applicables aux personnes dans la juridiction requise doivent être compatibles avec un échange effectif de renseignements.

Les droits et protections ne doivent pas entraver ou retarder indûment un échange effectif de renseignements (ToR B.2.1)

194. Les droits et protections des personnes ne doivent pas entraver ou retarder indûment un échange effectif de renseignements. Par exemple, les procédures de notification devraient permettre des exceptions à la notification préalable (par exemple, dans le cas où la demande de renseignements a un caractère très urgent ou dan ceux où la notification est susceptible de compromettre les changes de succès de l'enquête menée par la juridiction requérante).

195. La législation fiscale sénégalaise garantit aux contribuables le respect de leurs droits dans leurs rapports avec l'Administration fiscale, en particulier dans les procédures qui servent à la collecte des renseignements. Cependant, le droit fiscal sénégalais ne prévoit pas de droit d'appel à l'encontre des demandes faite par le biais du droit de communication de l'Administration (l'appel est possible uniquement si l'information est demandée dans le cadre d'un contrôle fiscal sénégalais). En effet, les autorités sénégalaises considèrent en particulier que répondre à une demande de renseignements est un acte qui ne fait pas grief et n'est donc pas susceptible de recours pour excès de pouvoir.

196. Rien n'oblige l'Administration à indiquer à la personne concernée par une demande de renseignement que cette demande existe, ou à la personne qui reçoit une demande de communication que celle-ci est motivée par une demande de renseignements d'une autorité compétente étrangère. Ainsi, lorsque le droit de communication est exercé à l'égard d'un tiers qui détient des renseignements, la personne concernée par la demande de renseignements au Sénégal n'est pas mise au courant de celle-ci : il n'existe pas de procédure de notification ni préalable, ni postérieure de la personne concernée par l'échange de renseignements.

197. Les garanties accordées aux contribuables en matière du droit d'enquête (qui ne peut donner accès aux locaux à usage strictement d'habitation) et au droit de visite (qui nécessite une ordonnance du juge en l'absence de flagrance) ne peuvent pas entraver ou retarder indûment un échange effectif de renseignements. Il s'agit d'une garantie essentielle au respect de la vie privée et à la nécessité de protéger le domicile privé, sous le contrôle du juge dont le rôle se limite à une vérification des conditions légales.

Conclusion et éléments sous-tendant les recommandations

Conclusion
L'élément est en place.

C. Échange de renseignements

Vue d'ensemble

198. Les juridictions ne peuvent généralement pas échanger des renseignements à des fins fiscales à moins qu'elles n'aient un fondement légal ou des mécanismes pour ce faire. Au Sénégal, la base légale pour échanger des renseignements trouve son origine dans des mécanismes bilatéraux (conventions de doubles impositions) et régionaux. Cette section du rapport examine si le Sénégal a un réseau d'échange de renseignements qui lui permet d'atteindre en pratique un échange effectif de renseignements.

199. Le Sénégal dispose d'un réseau de 18 conventions fiscales bilatérales et de deux instruments régionaux (notamment au sein de l'UEMOA) contenant des dispositions relatives à l'échange de renseignements à des fins fiscales. Ce réseau couvre 27 juridictions principalement en Afrique et en Europe, mais également en Asie et Amérique du Nord. Malgré quelques instruments anciens, tous les instruments permettent un échange effectif de renseignements, hormis en matière d'informations bancaires quand la juridiction partenaire n'est pas en mesure de garantir la réciprocité de ces échanges. Le Sénégal n'a jamais refusé de conclure un accord d'échange de renseignements.

200. Tous les mécanismes d'échange de renseignements comprennent des dispositions relatives à la confidentialité et la législation interne du Sénégal comporte aussi des règles en la matière. Ces dispositions s'appliquent de manière équivalente aux informations et documents objet de la demande reçue par l'autorité compétente sénégalaise, ainsi qu'aux réponses effectivement communiquées au partenaire conventionnel.

201. Chacun des traités conclus par le Sénégal assure que les autorités ne seront pas obligées de dévoiler des informations relatives à un secret industriel, commercial ou professionnel ou des informations soumises au secret des relations entre un avocat et ses clients ou de divulguer des informations qui seraient contraires à l'ordre public.

202. Enfin, et bien qu'il s'agisse d'un élément qui fera l'objet d'une évaluation au cours de l'examen de Phase 2, il n'existe aucune restriction dans le droit interne du Sénégal qui limiterait la capacité de ce pays à échanger des renseignements dans le délai de 90 jours prévu par les standards internationaux ou qui interdirait à l'autorité compétente d'informer ses partenaires de l'état de traitement de leurs demandes.

C.1. Mécanismes d'échange de renseignements

Les mécanismes d'échange de renseignements doivent permettre un échange efficace de renseignements.

203. Le Sénégal dispose d'un réseau de 18 conventions fiscales bilatérales contenant des dispositions relatives à l'échange de renseignements[11].

204. Le Sénégal est également Partie à deux instruments régionaux contenant des dispositions relatives à l'échange de renseignements :

- Le Règlement n°08/CM/UEMOA portant adoption des règles visant à éviter la double imposition au sein de l'UEMOA et des règles d'assistance en matière fiscale, en vigueur dans huit juridictions : Bénin, Burkina Faso, Côte d'Ivoire, Guinée-Bissau, Mali, Niger, Sénégal et Togo.
- La Convention générale de coopération fiscale entre les États membres de l'Organisation Commune Africaine, Malgache et Mauricienne (OCAM) du 29 juillet 1971 en vigueur dans quatre juridictions. Bien que l'OCAM ait été dissoute, le Congo, la Côte d'Ivoire, le Gabon et le Sénégal continuent à appliquer la convention fiscale qui en découlait. Le Règlement UEMOA prévaut dans les échanges avec la Côte d'Ivoire, en application de son l'article 43.

205. Le Sénégal n'a à ce jour signé aucun accord d'échange de renseignements (TIEA). Il est engagé dans le processus de signature de la Convention concernant l'assistance administrative mutuelle en matière fiscale, telle que modifiée (Convention Multilatérale).

206. Outre l'échange sur demande, les instruments internationaux du Sénégal prévoient aussi la possibilité d'un échange automatique de renseignements et d'échanges spontanés. Par ailleurs, certains traités et le droit interne prévoient la possibilité de contrôles fiscaux conjoints ou simultanés.

11. Belgique, Canada, Espagne, France, Iran, Italie, Koweït, Liban, Malaisie, Maroc, Maurice, Mauritanie, Norvège, Portugal, Qatar, Taipei chinois, Tunisie et Royaume-Uni.

Norme de pertinence vraisemblable (ToR C.1.1)

207. La norme internationale en matière d'échange de renseignements envisage l'échange de renseignements sur demande de la manière la plus large possible. Cependant, elle ne permet pas la « pêche aux renseignements », c'est à dire les demandes de renseignement de nature spéculative sans liens apparent avec une enquête ou des investigations en cours. L'équilibre entre ces deux éléments concurrents se retrouve dans la notion de « pertinence vraisemblable » qui est reprise au paragraphe 1 de l'Article 26 du modèle de convention fiscale de l'OCDE qui indique ce qui suit :

> « Les autorités compétentes des États contractants échangent les renseignements vraisemblablement pertinents pour appliquer les dispositions de la présente convention ou pour l'administration ou l'application de la législation interne relative aux impôts de toute nature ou dénomination perçus pour le compte des États contractants, de leurs subdivisions politiques ou de leurs collectivités locales dans la mesure où l'imposition qu'elle prévoit n'est pas contraire à la convention. L'échange de renseignements n'est pas restreint par les Articles 1 et 2. »

208. Seuls deux traités bilatéraux parmi les plus récents utilisent le vocable de renseignements « vraisemblablement pertinents » (Espagne et Portugal). Les autres traités et l'instrument UEMOA visent généralement les renseignements « pertinents », « nécessaires » ou « utiles ». Les termes « nécessaires » ou « pertinents » sont considérés dans les commentaires à l'Article 26 de la convention modèle de l'OCDE comme ayant des effets équivalents à l'expression « vraisemblablement pertinents ». Les autorités sénégalaises confirment adhérer à cette interprétation, et y assimiler l'expression « renseignements utiles » présente dans quelques traités.

209. Les conventions avec la Belgique, la France et la Mauritanie et la Convention OCAM visent les renseignements d'ordre fiscal que les autorités fiscales « ont à leur disposition et qui sont utiles » pour assurer l'établissement et le recouvrement réguliers des impôts visés par la convention ainsi que l'application, en ce qui concerne ces impôts, des dispositions légales relatives à la répression de la fraude fiscale. Les autorités sénégalaises considèrent que les « renseignements dont disposent les autorités fiscales » sont les renseignements directement à leur disposition, mais aussi tout renseignement auquel elles peuvent accéder en utilisant les pouvoirs que leur confère la loi[12].

---

12. La France et la Mauritanie ont indiqué lors de leur examen par les pairs qu'elles adhèrent à cette interprétation. Cf., Rapport d'examen par les pairs : Rapport combiné, Phase 1 et Phase 2 – France, paragraphe 214; Rapport de Phase 1 – Mauritanie, paragraphe 218.

En ce qui concerne toutes personnes (ToR C.1.2)

210. Pour que l'échange de renseignements soit effectif, il est nécessaire que l'obligation d'une juridiction de fournir de l'information ne soit pas limitée par la résidence ou la nationalité de la personne à laquelle les renseignements demandés se rapportent ou par la résidence ou la nationalité de la personne en possession les renseignements demandés ou qui les détient. Pour cette raison, la norme internationale en matière d'échange de renseignements prévoit que les mécanismes d'échange de renseignements puissent permettre un échange en ce qui concerne toutes les personnes.

211. La plupart des instruments sénégalais permettent explicitement l'échange de renseignements concernant toute personne, résidente ou non. Certains traités ne contiennent pas de disposition spécifique (France, Koweït, Mauritanie, Taipei chinois, OCAM). L'article relatif à l'échange de renseignements s'applique néanmoins aux résidents et non-résidents des Parties, dans la mesure où il s'applique aux « dispositions de la présente Convention, ou celles de la législation interne des États contractants relative aux impôts visés par la Convention, dans la mesure où l'imposition qu'elle prévoit n'est pas contraire à la Convention ». Ces traités ne limitent donc pas l'échange de renseignements à leurs seuls résidents puisque leur législation fiscale interne s'applique à tous leurs contribuables (et les tiers en matière d'accès à l'information), qu'ils soient ou non-résidents (par exemple l'impôt sur les bénéfices s'applique aux revenus de source nationale des non-résidents). L'échange de renseignements est donc possible concernant toute personne aux termes de ces traités. Les autorités sénégalaises confirment qu'elles adhèrent à cette interprétation.

Obligation d'échanger tous types de renseignements (ToR C.1.3)

212. Les juridictions ne peuvent pas s'engager dans un échange efficace de renseignements si elles ne peuvent pas échanger les renseignements détenus par des institutions financières, des mandataires ou des personnes agissant en tant qu'agent fiduciaire. Le Modèle de Convention de l'OCDE, paragraphe 5, prévoit que le secret bancaire ne peut pas servir de fondement au refus de fournir des renseignements et qu'une demande de renseignements ne peut pas être refusée seulement parce que l'information est détenue par un mandataire ou une personne agissant en tant qu'agent ou fiduciaire, ou parce que ces renseignements se rattachent aux droits de propriété d'une personne.

213. Seuls quelques traités récents contiennent une disposition spécifique similaire à celle du Modèle de Convention (Espagne, Malaisie, Portugal, Royaume-Uni), ainsi que le Règlement UEMOA. Pourtant, l'absence de ce paragraphe dans les conventions ne crée pas systématiquement de restriction à l'échange de renseignements. Les commentaires au Modèle de convention

précisent que si le paragraphe 5 introduit en 2005 représente une modification de la structure de l'Article 26, il ne doit pas être interprété comme signifiant que la version précédente de cet article ne couvrait pas les échanges de renseignements bancaires ou ceux détenus par les institutions financières, les mandataires ou les personnes agissant en tant qu'agents fiduciaire. Il convient dès lors de se reporter aux droits internes pour voir s'ils contiennent des restrictions à l'accès aux renseignements bancaires.

214. Le droit interne sénégalais permet effectivement à l'autorité compétente de collecter puis d'échanger les renseignements détenus par les banques, les autres institutions financières, les mandataires ou les fiduciaires (cf. sous-section B.1.5). Le droit interne de la plupart des partenaires du Sénégal permet également l'échange de tels renseignements, sauf au Liban (secret bancaire) et au Maroc (informations détenues par les notaires et commissaires aux comptes). L'information n'est pas disponible pour les juridictions n'ayant pas fait l'objet d'une évaluation du Forum mondial (Congo, Côte d'Ivoire, Gabon, Iran, Koweït et Taipei chinois).

Absence d'intérêt fiscal national *(ToR C.1.4)*

215. Le concept d'intérêt fiscal national décrit les situations où une autorité compétente peut fournir des renseignements à une autre autorité compétente pour autant qu'elle ait un intérêt à obtenir l'information recherchée pour ses propres besoins fiscaux. Une incapacité à fournir un renseignement basé sur une exigence d'intérêt fiscal domestique n'est pas conforme à la norme internationale. Les autorités compétentes doivent utiliser les pouvoirs internes de collecte de l'information même si ceux-ci doivent être utilisés dans le seul but d'obtenir et fournir des renseignements à l'autre autorité compétente (cf. Modèle de Convention, paragraphe 4).

216. Seuls quelques traités contiennent une disposition similaire à celle du Modèle de Convention (Canada, Espagne, Liban, Malaisie, Portugal, Royaume-Uni), ainsi que le Règlement UEMOA.

217. La plupart des traités du Sénégal, plus anciens, ne contiennent pas de disposition spécifique à cet effet. Toutefois l'ajout, en 2005, de ce paragraphe au Modèle visait à traiter explicitement une obligation qui existait en pratique. Dans ce cas, il convient de se reporter aux législations nationales pour voir si elles empêchent l'autorité compétente d'user de ses pouvoirs de collecte de l'information uniquement à des fins d'échange de renseignements. Ce n'est pas le cas au Sénégal, ni dans la législation de ses partenaires conventionnels ayant fait l'objet d'une évaluation.

218. Par contre, certains traités sénégalais visent l'échange des « renseignements d'ordre fiscal que les autorités fiscales ont à leur disposition ». Diverses interprétations peuvent exister : soit l'échange ne porte que sur les

renseignements contenus dans les fichiers de l'autorité fiscale (et un intérêt fiscal domestique existe), soit l'échange couvre tout renseignement auquel l'autorité fiscale a accès. Les autorités sénégalaises pour leur part privilégient la seconde interprétation. (cf. C.1.1).

Absence du principe de double incrimination (ToR C.1.5)

219. Le principe de double incrimination prévoit que l'assistance ne peut être fournie que si l'affaire en cours d'examen (et donnant lieu à la demande de renseignements) constituerait une affaire de nature pénale dans le pays requis si elle avait pris place dans ce pays. Afin d'être effectif, l'échange de renseignements ne doit pas être restreint pas l'application d'un principe de double incrimination.

220. Aucun des mécanismes d'échange de renseignements conclus par le Sénégal ne prévoit l'application d'un principe de double incrimination.

Échange de renseignements à la fois en matière civile et pénale (ToR C.1.6)

221. La communication de renseignements peut être nécessaire à la fois à des fins fiscales ou à des fins pénales. La norme internationale ne se limite pas aux échanges de renseignements à des fins pénales mais couvre aussi les échanges administratifs à des fins fiscales.

222. Les mécanismes d'échange de renseignements conclus par le Sénégal prévoient l'échange de renseignements à la fois à des fins pénales et civiles. En effet ils prévoient l'échange des renseignements nécessaires pour appliquer les dispositions de la convention « et celles des lois internes » des juridictions contractantes relatives aux impôts visés. Les dispositions des lois internes comprenant également les dispositions pénales réprimant les comportements délictuels liés aux impôts, ces mécanismes permettent l'échange de renseignements dans les matières fiscales civile et pénale. Par ailleurs, certains traités visent explicitement la lutte contre la fraude et l'évasion fiscales.

Fournir des renseignements dans la forme souhaitée (ToR C.1.7)

223. Dans certains cas, une autorité compétente peut avoir besoin de recevoir des renseignements sous une forme particulière pour que les conditions en vigueur en matière de preuve ou autres conditions légales soient satisfaites. Ces formes peuvent inclure des dépositions de témoins et des copies certifiées conformes de documents originaux. Les autorités compétentes devraient s'efforcer, dans la mesure du possible, de répondre à de telles demandes. L'autorité requise peut refuser de fournir les renseignements sous la forme spécifique demandée si, par exemple, elle n'est pas connue ou autorisée dans

sa législation ou sa pratique administrative. Le refus de fournir les renseignements sous la forme demandée n'a pas d'incidence sur l'obligation de fournir ces renseignements.

224. Les mécanismes d'échange de renseignements conclus par le Sénégal ne prévoient pas expressément la fourniture des renseignements sous une forme spécifiquement demandée par une p autorité compétente étrangère. Mais ils ne contiennent pas non plus de restrictions qui viendraient l'empêcher. Les autorités sénégalaises précisent que rien ne les empêche de fournir l'information dans la forme demandée, dès lors que cela est conforme à leur pratique administrative.

En vigueur *(ToR C.1.8)*

225. L'échange de renseignements ne peut pas avoir lieu sans des instruments d'échange de renseignements en vigueur. Quand des instruments d'échange de renseignements ont été signés, la norme internationale requiert que les juridictions prennent les mesures nécessaires pour leur entrée en vigueur.

226. La plupart des traités sénégalais sont en vigueur. Seuls les cinq[13] derniers traités signés ne sont pas entrés en vigueur. Le traité signé en 2010 avec la Malaisie a été ratifié en 2012 (de même que par la Malaisie). Un projet de loi de ratification du traité signé avec le Portugal en juin 2014 a été adopté en Conseil des ministres en juin 2015. Le dernier traité a été signé avec le Royaume-Uni en février 2015, il y a moins de six mois. Les traités avec Par le passé, une période moyenne de 2-3 ans s'est écoulée entre la date de signature et la ratification des traités et les autorités sénégalaises sont invitées à prendre les mesures propres à réduire ces délais pour les nouveaux accords.

227. En vertu des articles 88 et 89 de la Constitution, les traités qui engagent les finances de l'État, dont les traités fiscaux, ne peuvent être ratifiés par le Président de la République qu'en vertu d'une loi.

Effectif *(ToR C.1.9)*

228. Pour permettre à l'échange de renseignements d'être effectif, les juridictions doivent prendre les mesures nécessaires pour respecter leurs engagements.

229. Une fois les instruments d'échange de renseignements entrés en vigueur, le Sénégal n'a pas besoin de prendre de mesure supplémentaire pour qu'ils soient effectifs.

13. Les traités avec l'Iran et le Koweït sont en suspens pour des raisons non liées à l'échange de renseignements.

230. En application des dispositions de l'article 91 de la Constitution sénégalaise, les traités ou accords régulièrement ratifiés ou approuvés ont, dès leur publication, une autorité supérieure à celle des lois. Le système juridique du Sénégal ne nécessite pas l'adoption d'une loi particulière pour donner effet à une convention internationale dès lors qu'elle a été ratifiée par les deux Parties.

231. Les Règlements communautaires UEMOA sont d'application immédiate dans tous les États Partie sans qu'il soit nécessaire de les transposer. Seule la Commission de l'UEMOA est, conformément aux dispositions de l'article 24 du Traité de l'UEMOA, habilitée à prendre les Règlements d'exécution nécessaires à l'application d'un Règlement. Ainsi, pour l'application du Règlement N° 08/CM/UEMOA portant adoption des règles visant à éviter la double imposition au sein de l'UEMOA et des règles d'assistance en matière fiscale, le Règlement d'exécution N°005/2010/COM/UEMOA a été pris le 17 novembre 2010 et s'impose à tous les États membres y compris le Sénégal.

Conclusion et éléments sous-tendant les recommandations

Conclusion
L'élément est en place

C.2. Mécanismes d'échange de renseignements avec tous les partenaires pertinents

Le réseau de mécanismes d'échange de renseignements des juridictions doivent couvrir tous les partenaires pertinents.

232. En fin de compte, la norme internationale exige que les juridictions puissent échanger des renseignements avec tous les partenaires pertinents, ce qui signifie les partenaires qui sont intéressés à conclure un accord d'échange de renseignements. Les accords ne peuvent pas être conclus seulement avec des partenaires sans importance économique. S'il apparaît qu'une juridiction refuse de conclure ou de négocier des accords avec les partenaires, en particulier ceux qui ont un motif raisonnable de demander des renseignements de cette juridiction en vue de bien administrer et d'appliquer ses lois fiscales, cela peut indiquer un manque d'engagement à mettre en œuvre les normes.

233. Le Sénégal est lié à 27 partenaires, soit par un instrument bilatéral (traités fiscaux) soit par un instrument régional (instruments UEMOA et OCAM). Le réseau conventionnel sénégalais couvre 13 juridictions africaines, dont ses principaux partenaires commerciaux couverts par des instruments régionaux, et les voisins du Maghreb; 7 juridictions européennes, dont la France, partenaire habituel en matière d'échanges de

renseignements ; 2 juridictions du Moyen Orient ; 2 juridictions asiatiques et 1 Nord-américaine.

234. Par ailleurs, le Sénégal a officiellement demandé à être invité à signer la Convention concernant l'assistance administrative mutuelle en matière fiscale qui compte déjà plus d'une soixantaine de signataires et pour laquelle une quinzaine d'extensions territoriales ont été faites. La procédure est assez avancée et la signature de cette convention pourrait intervenir au cours de l'année 2015.

235. Aucun membre du Forum mondial n'a indiqué avoir contacté le Sénégal en vue de négocier un accord relatif à l'échange de renseignements et n'avoir reçu aucune réponse ou une réponse négative.

Conclusion et éléments sous-tendant les recommandations

Conclusion	
L'élément est en place.	
Éléments sous-tendant les recommandations	**Recommandations**
	Le Sénégal doit continuer de développer son réseau d'échange de renseignements avec tous les partenaires pertinents.

C.3. Confidentialité

> Les mécanismes d'échange de renseignements des juridictions doivent comporter des dispositions garantissant la confidentialité des renseignements reçus.

Renseignements reçus : divulgation, utilisation et sauvegardes (ToR C.3.1)

236. Les gouvernements ne sauraient s'engager dans l'échange de renseignement sans avoir la certitude que les informations communiquées seront utilisées uniquement aux fins prévues par l'accord d'échange de renseignements applicable et que leur confidentialité sera assurée. Les instruments d'échange de renseignements doivent ainsi comporter des dispositions indiquant précisément les personnes auxquelles ces informations pourront être diffusées. Par ailleurs, la législation interne applicable dans les pays concernés contient habituellement des règles strictes en matière de préservation de la confidentialité des informations collectées à des fins fiscales.

Mécanismes internationaux

237. Les dispositions relatives à la confidentialité sont basées sur les dispositions de l'Article 26, paragraphe 2 du Modèle de convention fiscale de l'OCDE (dans ses versions successives en fonction de la date de signature du traité en question).

238. Les conventions les plus anciennes prévoient simplement que « Les renseignements ainsi échangés, qui conservent un caractère secret, ne sont pas communiqués à des personnes autres que celles qui sont chargées de l'assiette et du recouvrement des impôts visés par la présente Convention » (France, Mauritanie, OCAM). Cette disposition est plus stricte que le modèle actuel quant aux personnes qui peuvent prendre connaissance des renseignements échangés, mais ne précise pas que les informations ne peuvent être utilisées qu'à ces fins.

239. Les trois derniers traités signés par le Sénégal (Espagne, Portugal et Royaume-Uni) prévoient en outre que les renseignements reçus peuvent être utilisés à d'autres fins lorsque cette possibilité résulte des lois des deux Parties et lorsque l'autorité compétente qui fournit les renseignements l'autorise.

240. Le Règlement UEMOA ne prévoit pas de disposition sur la confidentialité. Il s'agit pourtant du mécanisme le plus important d'échange de renseignement conclu à date par le Sénégal puisqu'il lui permet d'échanger les renseignements avec sept partenaires. Toutefois, l'article 14 du Règlement d'exécution N°005/2010/COM/UEMOA précise que « les renseignements reçus par un État membre sont tenus au secret de la même manière que les renseignements obtenus en application de la législation interne de cet État membre ». Cette disposition complète le règlement N° 08/CM/UEMOA et s'impose aux États membres au même titre que ledit Règlement (art. 24 du Traité instituant l'UEMOA, cf. C.1.9).

Législation nationale sénégalaise

241. Les agents de l'Administration fiscale sénégalaise sont soumis au secret professionnel conformément à l'article 604 du Code général des impôts : les agents des Impôts et des Domaines intervenant dans l'assiette, la liquidation, le contrôle ou le recouvrement des impôts, droits, taxes et redevances, sont tenus, dans les termes de l'article 363 du Code Pénal, de garder secrets les enseignements de quelque nature qu'ils soient, recueillis dans l'exercice de leur fonction. Plus généralement, le Statut de la fonction publique prévoit également une obligation de discrétion professionnelle en son article 14.

242. L'article 363 du Code pénal dispose que toute violation de cette obligation est punissable d'un emprisonnement d'un à six mois et d'une amende de 50 000 à 300 000 francs CFA (EUR 76 à 458). Ces sanctions s'ajoutent aux sanctions disciplinaires prévues par le Statut de la fonction publique : avertissement, blâme, rétrogradation, suspension, exclusion temporaire et révocation (art. 43).

243. Cette règle comporte des dérogations, notamment au profit des autorités compétentes étrangères : « Les dispositions du présent article ne s'opposent pas à l'échange de renseignements entre l'Administration sénégalaise et celle des États avec lesquels sont conclues des conventions fiscales d'assistance administrative mutuelle ».

244. D'autres dérogations existent. D'abord l'article 604 CGI prévoit une autre dérogation visant les « autres administrations sénégalaises ». Par ailleurs le Code de procédure pénale prévoit une obligation de dénonciation des crimes et délit au procureur de la République qui s'applique à tous les agents publics. Enfin, l'article 363 du Code pénal cité prévoit que le secret professionnel n'est jamais opposable à la police ni à l'administration fiscale lorsqu'elles agissent sur instruction du Procureur spécial près la Cour de Répression de l'Enrichissement illicite. Ces dispositions paraissent assez larges, mais d'une part les autorités sénégalaises expliquent que les « autres administrations » recouvrent le Trésor et les Douanes, qui sont des administrations financières qui interviennent dans l'assiette et le recouvrement des impôts, et d'autre part les traités ayant une force supérieure aux lois au Sénégal, les renseignements reçus d'un partenaire conventionnel ne saurait être transmis à une personne non visée par le traité. L'interprétation des dispositions légales et l'application en pratique des mesures de sauvegarde de la confidentialité des renseignements échangés seront examinées plus avant au cours de la Phase 2 du processus d'évaluation.

Autres renseignements échangés *(ToR C.3.2)*

245. Les dispositions relatives à la confidentialité prévues à la fois par les accords applicables et par la législation interne sénégalaise ne prévoient aucune distinction en matière de confidentialité selon que le renseignement est reçu en réponse à une demande ou qu'il est un élément de la demande elle-même. Ces dispositions s'appliquent de manière équivalente aux demandes, aux documents joints et à toutes communications entre les juridictions concernées par l'échange.

Conclusion et éléments sous-tendant les recommandations

Conclusion
L'élément est en place

C.4. Droits et sauvegardes du contribuable et des tiers

Les mécanismes d'échange de renseignements doivent respecter les droits et protections des contribuables et des tiers.

246. La norme internationale permet à la juridiction requise de ne pas fournir de renseignements en réponse à une demande, dans des cas bien identifiés qui soulèveraient des problèmes de secret commercial, industriel ou autre.

Exceptions à l'obligation de fournir des informations (ToR C.4.1)

247. La plupart des mécanismes d'échange de renseignements conclus par le Sénégal assurent que les Parties ne seront pas tenues de fournir des informations qui dévoileraient un secret industriel, commercial ou professionnel ou des renseignements dont la divulgation serait contraire à l'ordre public, conformément au paragraphe 3(c) de l'Article 26 du Modèle de convention fiscale.

248. Les conventions fiscales avec la France et la Mauritanie et la Convention OCAM, datant des années 1970, contiennent des dispositions succinctes, qui divergent du Modèle de convention actuel : en plus du renseignement qui révélerait un secret commercial, industriel ou professionnel, ces conventions n'autorisent pas l'échange de renseignements lorsque la juridiction requise estime qu'il est « de nature à mettre en danger sa souveraineté ou sa sécurité ou à porter atteinte à ses intérêts généraux ». Les autorités sénégalaises indiquent que les notions de « sécurité », de « souveraineté » et d'« intérêts généraux » sont comprises comme ayant le même contenu que la notion d'« ordre publique » consacrée au paragraphe 3(c) de l'Article 26 du Modèle de convention fiscale de l'OCDE.

Conclusion et éléments sous-tendant les recommandations

Conclusion
L'élément est en place.

C.5. Rapidité des réponses aux demandes de renseignements

La juridiction doit fournir rapidement les renseignements demandés en vertu de son réseau de conventions.

Répondre dans les 90 jours (ToR C.5.1)

249. Pour que l'échange de renseignements soit efficace, les renseignements demandés doivent être fournis dans des délais qui permettent leur utilisation dans les procédures engagées. Si une réponse est fournie avec

retard, les renseignements peuvent ne plus avoir d'utilité pour la juridiction requérante. La rapidité avec laquelle les renseignements demandés sont transmis est particulièrement importante dans le contexte de la coopération internationale dans la mesure où les affaires pour lesquelles la coopération est déclenchée sont souvent d'une certaine importance.

250. Les mécanismes d'échange de renseignements du Sénégal ne prescrivent aucun délai pour répondre aux demandes reçues des juridictions partenaires. Il n'existe pas non plus dans le droit interne sénégalais de délais de traitement des demandes. Ainsi, aucune disposition légale ou réglementaire n'empêche l'administration de répondre aux demandes de renseignements ou de fournir un état d'avancement de la procédure dans le délai de 90 jours.

Processus organisationnel et ressources *(ToR C.5.2)*

251. Aux termes des mécanismes d'échange de renseignements du Sénégal, l'autorité compétente est le Ministre chargé des Finances ou son représentant autorisé. L'organisation de l'autorité compétente, ses ressources et son fonctionnement seront examinés dans le cadre de la Phase 2.

Absence de conditions restreignant l'échange de renseignements *(ToR C.5.3)*

252. Il n'existe aucune disposition dans la législation sénégalaise ou dans ses mécanismes d'échange de renseignements prévoyant des restrictions à l'échange de renseignements, au-delà de celles prévues par l'Article 26 du Modèle de convention fiscale de l'OCDE.

Conclusion et éléments sous-tendant les recommandations

Conclusion
L'équipe d'évaluation n'est pas en mesure d'évaluer si cet élément est en place dans la mesure où il s'agit de questions pratiques qui sont liées à l'examen de Phase 2.

Résumé des conclusions et éléments sous-tendant les recommandations

Conclusions	Éléments sous tendant les recommandations	Recommandations
Les juridictions doivent s'assurer que leurs autorités compétentes ont à disposition des renseignements relatifs à la propriété et à l'identité pour l'ensemble des entités et arrangements pertinents. *(ToR A.1.)*		
L'élément est en place mais certains aspects de la mise en œuvre juridique de l'élément doivent être améliorés	Le nouvel acte uniforme OHADA relatif aux sociétés commerciales et au groupement d'intérêt économique prévoit la dématérialisation des titres sociaux, dont les titres au porteur, et laisse une période de deux ans aux sociétés pour s'y conformer. Toutefois, il ne précise pas clairement le sort des actions au porteur qui ne seraient pas dématérialisées ou converties au terme de la période transitoire et il n'existe aucune autre disposition dans le droit sénégalais clarifiant les modalités de dématérialisation.	Les autorités sénégalaises devraient prendre des mesures visant à assurer la dématérialisation de tous les titres au porteur à l'expiration de la période transitoire de deux ans accordée aux sociétés à cet effet.
	Le Sénégal a récemment légiférer sur les waqfs. Si la loi semble bien circonscrire ces entités et permettre l'identification de toutes les parties prenantes, la période transitoire n'est pas échue et tous les arrêtés d'application de la loi n'ont pas été publiés.	Les autorités sénégalaises devraient s'assurer que la Loi de 2015 portant sur les waqfs est bien mise en œuvre en pratique.

Conclusions	Éléments sous tendant les recommandations	Recommandations
Les juridictions doivent s'assurer que des registres comptables fiables soient tenus pour l'ensemble des entités et arrangements pertinents. *(ToR A.2.)*		
L'élément est en place		
Les renseignements bancaires doivent être disponibles pour tous les titulaires de comptes. *(ToR A.3.)*		
L'élément est en place		
Les autorités compétentes doivent, au titre d'un accord d'échange de renseignements, avoir le pouvoir d'obtenir et de communiquer les informations demandées à une personne placée sous leur compétence territoriale et qui détient ou contrôle ces informations (indépendamment de toute obligation juridique impartie à cette personne de respecter la confidentialité de ces informations). *(Tor B.1.)*		
L'élément est en place		
Les droits et protections (droits de notification ou d'appel par exemple) applicables aux personnes dans la juridiction requise doivent être compatibles avec un échange effectif de renseignements. *(ToR B.2.)*		
L'élément est en place		
Les mécanismes d'échange de renseignements doivent permettre un échange efficace de renseignements. *(ToR C.1.)*		
L'élément est en place		
Le réseau de mécanismes d'échange de renseignements des juridictions doit couvrir tous les partenaires pertinents. *(ToR C.2.)*		
L'élément est en place		Le Sénégal doit continuer de développer son réseau d'échange de renseignements avec tous les partenaires pertinents.
Les mécanismes d'échange de renseignements des juridictions doivent comporter des dispositions garantissant la confidentialité des renseignements reçus. *(ToR C.3.)*		
L'élément est en place		
Les mécanismes d'échange de renseignements doivent respecter les droits et protections des contribuables et des tiers. *(ToR C.4.)*		
L'élément est en place		

Conclusions	Éléments sous tendant les recommandations	Recommandations
La juridiction doit fournir rapidement les renseignements demandés en vertu de son réseau de conventions. *(ToR C.5.)*		
L'équipe d'évaluation n'est pas en mesure d'évaluer si cet élément est en place dans la mesure où il s'agit de questions pratiques qui sont liées avec l'examen de Phase 2		

Annexe 1 : Réponse du pays au rapport[14]

La république du Sénégal tient à exprimer son entière satisfaction des conclusions contenues dans le Rapport d'examen par les pairs de la phase I et souhaite remercier l'équipe d'évaluation pour le travail considérable qu'elle a accompli ainsi que les membres du PRG pour leur utiles contributions apportées dans le cadre de cette évaluation.

Le processus d'examen par les pairs a été l'occasion pour notre juridiction de modifier de manière substantielle son cadre légal en vue de le mettre en conformité avec les standards internationaux définis en matière de transparence et d'échange de renseignements.

Ce cadre va bientôt être renforcé par la signature dans les prochains jours par le Sénégal de la convention multilatérale de l'OCDE ; renforçant ainsi son engagement à la transparence et à l'échange effectif de renseignements à des fins fiscales.

Le Sénégal prend bonne note des recommandations contenues dans le rapport d'évaluation et s'engage à mettre en œuvre dans les délais requis l'effectivité de la dématérialisation de tous les titres au porteur ainsi que la législation sur les Waqfs.

14. Cette annexe contient la réponse de la juridiction examinée au rapport d'examen et ne saurait engager le Forum mondial.

Annexe 2 : Mécanismes d'échange de renseignements

Instruments régionaux

- Le Sénégal est Partie à un instrument régional (Règlement N° 08/2008/CM/UEMOA portant adoption des règles visant à éviter la double imposition au sein de l'UEMOA et des règles d'assistance en matière fiscale) en vigueur dans huit juridictions : Bénin, Burkina Faso, Côte d'Ivoire, Guinée-Bissau, Mali, Niger, Sénégal et Togo.
- Le Sénégal est également Partie à la Convention générale de coopération fiscale entre les États membres de l'Organisation Commune Africaine, Malgache et Mauricienne (OCAM) du 29 juillet 1971. Bien que l'OCAM ait été dissoute, le Congo, la Côte d'Ivoire, le Gabon et le Sénégal continuent à appliquer la convention fiscale qui en découlait.

Instruments bilatéraux

- Le Sénégal a également signé des instruments bilatéraux d'échange de renseignements, à savoir des conventions fiscales de non-double imposition.

Tableau des mécanismes d'échange de renseignements

Le tableau ci-dessous contient la liste des juridictions avec lesquelles le Sénégal est lié par un ou plusieurs mécanismes d'échange de renseignements au 24 juillet 2015. Lorsque le Sénégal est lié à une juridiction par plus d'un mécanisme, tous sont mentionnés dans le tableau.

Le texte des instruments d'échange de renseignements du Sénégal est disponible sur la page internet du *EOI Portal* à l'adresse : http://eoi-tax.org/.

	Juridiction	Type d'accord d'échange de renseignements	Date de signature	Date d'entrée en vigueur
1	Belgique	Convention fiscale	29-09-1987	04-02-1993
2	Bénin	Régional UEMOA	26-09-2008	01-01-2009
3	Burkina Faso	Régional UEMOA	26-09-2008	01-01-2009
4	Canada	Convention fiscale	02-08-2001	07-10-2004
5	Congo (République du)	Régional OCAM	29-07-1971	01-01-1972
6	Côte d'Ivoire	Régional UEMOA	26-09-2008	01-01-2009
		Régional OCAM	29-07-1971	01-01-1972
7	Espagne	Convention fiscale	5-12-2006	22-10-2012
8	France	Convention fiscale	29-03-1974	24-04-1976
9	Gabon	Régional OCAM	29-07-1971	01-01-1972
10	Guinée-Bissau	Régional UEMOA	26-09-2008	01-01-2009
11	Iran	Convention fiscale	20-06-2010	
12	Italie	Convention fiscale	20-07-1998	24-10-2001
13	Koweït	Convention fiscale	10-04-2007	
14	Liban	Convention fiscale	19-10-2002	22-07-2004
15	Malaisie	Convention fiscale	17-02-2010	(ratifiée en Malaisie et au Sénégal)
16	Mali	Régional UEMOA	26-09-2008	01-01-2009
17	Maroc	Convention fiscale	01-03-2002	19-05-2006
18	Maurice	Convention fiscale	17-04-2002	15-09-2004
19	Mauritanie	Convention fiscale	09-01-1971	1-01-1973
20	Niger	Régional UEMOA	26-09-2008	01-01-2009
21	Norvège	Convention fiscale	04-07-1994	25-02-1997
22	Portugal	Convention fiscale	13-06-2014	
23	Qatar	Convention fiscale	10-06-1998	01-01-2000
24	Royaume-Uni	Convention fiscale	26-02-2015	
25	Taipei chinois	Convention fiscale	20-01-2000	10-09-2004
26	Togo	Régional UEMOA	26-09-2008	01-01-2009
27	Tunisie	Convention fiscale	17-05-1984	02-07-1985

Annexe 3 : Liste des lois, réglementations et autres dispositions recueillies

Constitution sénégalaise du 7 janvier 2001

Loi n° 2012-31 du 31 décembre 2012 portant Code général des Impôts

Législation civile et commerciale

Actes uniformes OHADA :

- relatif au droit commercial général ;
- relatif au droit des sociétés commerciales et du Groupement d'intérêt économique ;
- relatif au droit des sociétés coopératives ;
- portant organisation des sûretés ;
- portant organisation et harmonisation de la comptabilité des entreprises sises dans les États Parties au Traité OHADA ;
- portant organisation des procédures collectives d'apurement du passif.

Code des Obligations Civiles et Commerciales

loi n° 17/2014 du 15 avril 2014 portant fixation du capital social minimum de la société à responsabilité limitée

loi n° 95-11 du 7 avril 1995 instituant la Fondation d'utilité publique au Sénégal ;

décret n° 95-415 du 15 mai 1995 portant application de la loi n° 95-11 du 7 avril 1995 instituant la Fondation d'utilité publique au Sénégal

Législation financière

Loi n° 2008-26 du 28 juillet 2008 portant règlement bancaire ;

Loi n° 2008-47 du 3 septembre 2008 portant réglementation des systèmes financiers décentralisés ;

Règlement général relatif à l'organisation, au fonctionnement et au contrôle du marché financier régional de l'UMOA ;

Loi n° 2004-09 du 8 février 2004 de lutte contre le blanchiment des capitaux ;

Loi uniforme n° 2009-16 du 2 mars 2009 relative à la lutte contre le financement du terrorisme.

ORGANISATION DE COOPÉRATION ET DE DÉVELOPPEMENT ÉCONOMIQUES

L'OCDE est un forum unique en son genre où les gouvernements oeuvrent ensemble pour relever les défis économiques, sociaux et environnementaux que pose la mondialisation. L'OCDE est aussi à l'avant-garde des efforts entrepris pour comprendre les évolutions du monde actuel et les préoccupations qu'elles font naître. Elle aide les gouvernements à faire face à des situations nouvelles en examinant des thèmes tels que le gouvernement d'entreprise, l'économie de l'information et les défis posés par le vieillissement de la population. L'Organisation offre aux gouvernements un cadre leur permettant de comparer leurs expériences en matière de politiques, de chercher des réponses à des problèmes communs, d'identifier les bonnes pratiques et de travailler à la coordination des politiques nationales et internationales.

Les pays membres de l'OCDE sont : l'Allemagne, l'Australie, l'Autriche, la Belgique, le Canada, le Chili, la Corée, le Danemark, l'Espagne, l'Estonie, les États-Unis, la Finlande, la France, la Grèce, la Hongrie, l'Irlande, l'Islande, Israël, l'Italie, le Japon, le Luxembourg, le Mexique, la Norvège, la Nouvelle-Zélande, les Pays-Bas, la Pologne, le Portugal, la République slovaque, la République tchèque, le Royaume-Uni, la Slovénie, la Suède, la Suisse et la Turquie. La Commission européenne participe aux travaux de l'OCDE.

Les Éditions OCDE assurent une large diffusion aux travaux de l'Organisation. Ces derniers comprennent les résultats de l'activité de collecte de statistiques, les travaux de recherche menés sur des questions économiques, sociales et environnementales, ainsi que les conventions, les principes directeurs et les modèles développés par les pays membres.

ÉDITIONS OCDE, 2, rue André-Pascal, 75775 PARIS CEDEX 16
(23 2015 46 2 P) ISBN 978-92-64-24494-8 – 2015

www.ingramcontent.com/pod-product-compliance
Lightning Source LLC
LaVergne TN
LVHW070217110826
845147LV00003B/595

9789264244948